CARLO LUCARELLI
MASSIMO PICOZZI

SCENA DEL CRIMINE

Storie di delitti efferati e di investigazioni scientifiche

OSCAR MONDADORI

I edizione Strade blu febbraio 2005
I edizione Oscar bestsellers marzo 2006

ISBN 88-04-55366-9

Questo volume è stato stampato
presso Mondadori Printing S.p.A.
Stabilimento NSM - Cles (TN)
Stampato in Italia. Printed in Italy

www.librimondadori.it

Indice

Scena del crimine

Ad Annachiara, che studia i misteri,
perché le scene del crimine
per lei non abbiano segreti.

C.L.

A Laura,
che ancora aspetta
che le dedichi
una raccolta di poesie.
E invece...

M.P.

Introduzione

Il caso della penna a sfera

Succede una domenica di maggio del 1991.

C'è un ragazzo, uno studente, che tutte le domeniche va a pranzo dalla mamma, una signora di cinquantatré anni che vive da sola. Ci va anche quel giorno, ma trova la signora a terra, sul pavimento del soggiorno. È morta. È morta e c'è anche del sangue, qualche macchia sui vestiti della signora e una più grossa sul tappeto, vicino alla testa.

Lo studente chiama aiuto, chiama la polizia, che arriva subito, e oltre alle macchie di sangue nota anche una ferita, un buco sull'arcata orbitale del suo occhio destro.

L'autopsia conferma che è proprio quel buco ad aver causato la morte della signora. Ma che cosa è stato a provocare quel buco? È qui che arriva il primo colpo di scena della storia.

Una penna Bic. Una penna a sfera, che è entrata interamente nell'orbita, ha perforato parte dell'occhio, la parete interna della cavità orbitale e il lobo posteriore sinistro del cervello, provocando la morte. È penetrata così a fondo nell'occhio della signora che da fuori non si vedeva. Solo quella strana ferita nell'orbita.

Ma come è successo?

La polizia pensa a un omicidio. Non è facile che una cosa del genere succeda casualmente. Che uno cada a terra con una Bic in mano e se la infili in un occhio così profondamente da piantarsela nel cervello facendola addirittura sparire fino all'autopsia. Ma anche un omicidio commesso in quel modo non è poi così frequente. Vengono consultati alcuni esperti, specialisti di medicina legale, oftalmologi illustri, e loro ammettono che in effetti qualche volta è successo che qualcuno si sia accidentalmente infilato una penna in un occhio e ne sia morto. Pochi casi, incredibilmente sfortunati, ma qualcuno nella letteratura scientifica se ne trova. Dal 1848, dicono le ricerche, le persone che si sono piantate una penna nella testa sono ventuno. Ventun casi conosciuti in quasi centocinquant'anni, in tutto il mondo. Di questi, dodici se la sono infilata in un occhio. E cinque sono morti.

Difficile, dunque, ma possibile. Per la polizia si tratta comunque di un omicidio. Gli investigatori lo chiamano «il delitto della penna a sfera» e indagano a trecentosessanta gradi, soprattutto sui familiari della signora, ma non trovano niente, niente di niente, e così sospendono le indagini.

Passano cinque anni e arriva il secondo colpo di scena. C'è un bidello di una scuola media secondaria che legge casualmente su un giornale del «delitto della penna a sfera» e si ricorda di alcuni studenti che si erano messi a parlare di un possibile delitto perfetto. Per farlo, avevano detto, ci sarebbe voluta una penna a sfera. Lanciarla in un occhio della vittima con una piccola balestra. Tra questi studenti, ricorda il bidello, c'era anche lui, il figlio della signora uccisa.

Ancora. C'è un altro testimone. Lo psicologo del ragazzo che lo segue per alcuni disturbi emozionali, che va dalla polizia a raccontare quello che il ragazzo gli ha detto. È stato durante una delle loro sessioni di terapia razionale emotiva. Il ragazzo gli ha confessato di aver ucciso la madre con una penna a sfera sparata con una piccola balestra.

Per la polizia è abbastanza. Il ragazzo viene arrestato.

Ed è abbastanza anche per il giudice, che nell'ottobre del 1995 lo condanna a dodici anni di carcere.

Ed ecco che a questo punto arriva il terzo colpo di scena.

Il caso «della penna a sfera» è veramente strano e colpisce la fantasia e l'attenzione di un gruppo di scienziati olandesi, che sull'argomento iniziano una serie di studi. Soprattutto fanno esperimenti, e siccome non si possono certo usare crani umani, per quanto di persone già decedute, gli scienziati utilizzano crani di maiali. Costituiscono due gruppi di studio e con diverse piccole balestre sparano penne Bic contro i crani degli animali per misurarne i risultati.

Sta qui il colpo di scena. In tutti i casi, una volta colpito il bersaglio e penetrata nell'orbita la cannuccia della penna si blocca e il refill, il tubicino d'inchiostro con la punta attaccata, prosegue per un po' la sua corsa, spinto da abbrivio e forza cinetica. In tutti i casi c'è una penna e poco più avanti la sua punta, sfilata dalla cannuccia di plastica. In tutti i casi.

Ma non in quello della signora trovata morta sul pavimento di casa sua.

Cosa significa?

Significa che la penna trovata nell'orbita della signora non può essere stata sparata da una balestra come ha detto lo studente, altrimenti si sarebbe dovuta comportare come le altre penne sparate nell'esperimento.

Significa che lo studente mente, e infatti è sotto terapia proprio per una serie di disturbi che ne fanno un mitomane, uno che non sa resistere alle suggestioni e parla a vanvera.

Significa soprattutto che lo studente è innocente.

Nel gennaio del 1996 il giudice lo fa scarcerare e nell'aprile di quell'anno lo scagiona definitivamente. Il «delitto della penna a sfera» diventa il «caso della penna a sfera» ed entra nelle statistiche assieme ad altri due incidenti mortali provocati da una penna in un occhio riscontrati nel mondo dal 1948.

In termini scientifici si chiama «serendipity». La capacità di scoprire, in maniera del tutto casuale, una teoria o una legge senza averla deliberatamente cercata. A inventare il nome è stato uno scrittore inglese del Settecento, Horace Walpole. Racconta una leggenda che il sultano di Serendip, l'antico nome dell'isola di Ceylon, partito in cerca di oro finì per trovare del tè di ottima qualità, che risultò essere ben più prezioso dell'oro.

Serendipity.

A volte, nei casi giudiziari, serve a far scarcerare un innocente.

Ma gli investigatori della scena del crimine e gli scienziati forensi che li affiancano non possono contare sulle scoperte casuali e inattese per risolvere un delitto. Conoscono le più moderne tecnologie, sanno come utilizzarle. Studiano metodi sempre più precisi e veloci per raccogliere un'impronta, decifrare un indizio, estrarre il Dna da una traccia invisibile.

Dai fascicoli delle indagini devono scomparire parole come «fortuna», o «caso», o ancora «particolare coincidenza». Ma proprio perché non dimenticano mai il «fattore umano», e come può stravolgere la logica di una ricostruzione, non trascurano nessuna ipotesi, nemmeno la più complicata.

Non bastano le parole che Conan Doyle fa dire a Sherlock Holmes nel *Segno dei quattro*: «Quando hai escluso l'impossibile, qualunque cosa rimanga, anche se improbabile, allora quella è la verità».

Loro, gli investigatori e gli scienziati, la verità vogliono provarla al di là di ogni dubbio. E non solo per esclusione.

Quindi eccoli fianco a fianco, a dare risposta a tutti quegli interrogativi che una scena del crimine propone: «five W and one H» dicono gli americani, e vogliono dire «when, where, what, who, why and how».

Where e *what*, dove e cosa è successo, e una risposta è possibile arrivando sul luogo del delitto, documentando ogni cosa con apparecchi da ripresa sempre più sofisticati, raccogliendo tutte le informazioni e le tracce lasciate dall'omicida.

Who, chi. E prima di ogni altra cosa occorre conoscere l'identità della vittima, perché da qui scattano le indagini che porteranno poi a scoprire «chi» è il criminale che ha colpito.

When, quando. Se non ci sono testimoni diretti, allora sarà il cadavere a essere interrogato. E racconterà, attraverso le sue trasformazioni, a quando risale il momento della morte.

How, come. Il modo in cui la vittima è morta, i mezzi che l'assassino ha impiegato. Armi bianche o da sparo, esplosivi o incendi, veleni o droghe.

Why, perché. Si uccide per passione, per denaro, per vendetta. Qualche volta per un banale litigio. Ma un motivo c'è sempre, e quando il perché lascia una normalità anche drammatica e si insinua nelle pieghe della perversione, ecco che tocca agli psichiatri forensi, gli investigatori della follia omicida.

«Five W and one H»: sei domande a cui dare risposta. Per catturare un assassino. Per fare giustizia.

I
La scena del crimine

Il caso di Orenthal James Simpson, detto O.J.

C'è un fuoristrada bianco, un Bronco della Ford, che sta scappando sull'autostrada, inseguito da alcune auto della polizia. È in televisione, in diretta, perché sulla Freeway 405 che attraversa il Sud della California c'è praticamente uno stormo di elicotteri delle stazioni televisive specializzate in notizie che sta riprendendo tutto. Il Bronco bianco davanti, che se ne va, non corre veloce ma scappa, le auto della polizia dietro, col lampeggiante acceso e le sirene, non corrono veloci ma inseguono, e dentro il fuoristrada un uomo al volante e un altro sul sedile di dietro, che gli punta una pistola alla testa. Ecco perché le auto della polizia non hanno già fermato il piccolo Bronco che procede lento, come in un inseguimento al rallentatore. L'uomo con la pistola è un nero grande e grosso, e dalle scritte che scorrono in sovraimpressione e dalla voce dello speaker tutti sanno chi è e come si chiama. Si chiama O.J. Simpson, ed è un ex campione di football. Di più, un ex eroe del football, iscritto nell'albo d'oro dei professionisti fin dal 1985. Di più, una star del cinema e della televisione, per aver interpretato pubblicità, programmi sportivi e film con Paul Newman e

Steve McQueen, come *L'inferno di cristallo*. Famoso non solo negli Stati Uniti, dove è una specie di idolo, ma in tutto il mondo. Ecco perché quell'inseguimento così strano e apparentemente così banale è seguito da un'audience di almeno novantacinque milioni di persone.

La storia di quell'inseguimento inizia cinque giorni prima, il 12 giugno 1994, a Brentwood, un quartiere residenziale di Los Angeles. È mezzanotte e dieci quando due persone che passano davanti al Bundy Drive, un condominio di lusso, notano qualcosa sul vialetto che porta all'ingresso. È una donna, riversa in un lago di sangue. Chiamano il 911, il numero di emergenza della polizia, che arriva di corsa e scopre il corpo di un uomo, anche lui riverso in un lago di sangue, sempre sul vialetto, poco più avanti. L'uomo e la donna sono stati uccisi a coltellate, parecchie coltellate. Lei ne ha ricevute dodici, un paio alle mani, nell'atto di difendersi, le altre alla testa e al collo. Una, l'unica mortale, le ha tagliato la gola da parte a parte e così profondamente da arrivare a incidere la terza vertebra cervicale. È morta in un minuto. Lui, invece, ne ha prese venti, alla testa, alla gola, al petto e nella pancia. Di queste, una alla gola e una al ventre sono state mortali. È morto in un minuto e mezzo.

Chi li ha uccisi ha attaccato prima lei, colpendola e lasciandola a terra ferita, poi è passato a lui, lo ha colpito e lo ha ucciso, e poi è tornato su di lei e l'ha finita. Lo fanno pensare le ferite e le tracce lasciate sul luogo del delitto. Nicole era a terra, ferita, a faccia in giù sul selciato. Qualcuno l'ha presa per i capelli, le ha rovesciato la testa all'indietro e le ha tagliato la gola.

Chi li ha uccisi era in preda a una furia scatenata, sicuramente. C'è sangue dappertutto, naturalmente, sotto i corpi, sul vialetto, perfino sul muro. Ci sono impronte di scarpe che si allontanano nel sangue verso il vicolo sul retro del condominio, e accanto alle impronte delle suole ci sono piccole gocce di sangue, come se chi si era allontanato avesse tenuto il coltello che ha ucciso l'uomo e la donna lungo il fianco, a sgocciolare per terra. C'è sangue sul menu di un ristorante che sta vicino alla donna e anche su un guanto sinistro, di pelle, abbandonato sul vialetto. C'è tanto sangue, e per fare in modo che il medico legale e gli operatori della scientifica arrivino fino ai corpi senza sporcarsi le scarpe alcuni agenti poco esperti stendono asciugamani bianchi sul vialetto, cancellando così molte tracce utili.

L'uomo ucciso si chiamava Ronald Lyle Goldman, aveva venticinque anni ed era un bel ragazzo, un cameriere che aspirava a fare il modello e intanto lavorava al ristorante Mezzaluna. La donna, invece, aveva trentacinque anni, ed era una bella donna, alta e bionda, di origine tedesca. Si chiamava Nicole Brown ed era la ex moglie di un uomo molto famoso. O.J. Simpson.

Quando la polizia riesce a contattarlo per raccontargli che cosa è successo, O.J. si trova a Chicago, dove è arrivato quella notte stessa perché il giorno dopo deve partecipare come ospite a un raduno della compagnia di auto a noleggio Hertz. Alle sette e trenta del mattino squilla il telefono della sua camera all'O'Hare Plaza Hotel e già alle undici e otto minuti O.J. scende al Los Angeles International Airport di Los Angeles. Alle undici e trenta incontra i poliziotti, che gli fanno scattare le manette attorno ai polsi e lo portano in centrale.

Perché non l'hanno chiamato solo per avvertirlo della morte di Nicole. Lo sospettano dell'omicidio della sua ex moglie e di Ronald Goldman.

È un'idea che è venuta subito in mente agli investigatori della omicidi di Los Angeles Ovest che alle due di notte sono arrivati sul luogo del delitto. I detective Mark Fuhrman, Phil Vannatter e Tom Lange. E il loro capo alla omicidi, Ron Phillips. Appena scoprono che la donna uccisa è la moglie di O.J. vanno subito a casa sua, al residence di

Rockingham, per avvertirlo. Le luci della villetta sono accese, ma O.J. non risponde quando suonano il campanello o bussano alla porta. Non c'è, non è in casa, in quel momento è già sceso dall'aereo che lo ha portato fino a Chicago. Parcheggiata accanto alla villa c'è una macchina, un Ford Bronco bianco. Il detective Fuhrman lo nota perché è parcheggiato in modo strano, come se fosse stato lasciato lì in fretta, contro il marciapiede. Il detective si avvicina al Bronco e nota una macchia scura sulla portiera del guidatore. Sembra sangue, come sembrano macchie di sangue alcune impronte sulla soglia della villetta.

Non hanno un mandato, e non potrebbero entrare, ma gli agenti lo fanno lo stesso. Il detective Fuhrman scala il muretto di cinta della villetta e va a suonare alla porta, senza che nessuno risponda. Poi va a perlustrare un vicolo dietro la villetta, e trova un guanto insanguinato, ma non fuori, dentro. Un guanto destro, che corrisponde esattamente a quello trovato al condominio Bundy. Non solo, ci sono anche altre macchie di sangue nella strada vicino al Bronco e sul vialetto della villa, per cui da quel momento anche la villetta di O.J. al residence di Rockingham diventa una scena del delitto e viene messa sotto sequestro.

O.J. Simpson viene interrogato alla centrale di polizia di Los Angeles Ovest dai detective Vannatter e Lange. Da solo, senza la presenza di un avvocato, che comunque O.J. non ha richiesto. Tra le domande che gli fanno ce n'è una su uno strano taglio che O.J. ha sul medio sinistro. Simpson dice che se lo è fatto in albergo, a Chicago, rompendo un bicchiere.

A carico di O.J. come sospettato del duplice delitto non ci sono solo le macchie di sangue. C'è anche la sua relazione con Nicole. Il suo matrimonio e soprattutto il suo divorzio. Quello che è successo dopo.

O.J. aveva sposato Nicole nel 1985. La conosceva dal '77, quando lei aveva solo diciotto anni ed era la reginetta della scuola, alla Dana Hight Point School, a Los Angeles. Nicole e O.J. hanno una bambina, Sidney, e un bambino, Justin, poi il matrimonio non funziona più e nel '92 divorziano. Eppure sembravano così felici. Nicole se ne andava in giro con una Ferrari bianca con la targa personalizzata: L84AD8, letto «l-eight-for-a-d-eight», che in inglese significa «tardi per un appuntamento». Ma le cose non vanno bene, e nel 1989, la mattina del primo dell'anno, dopo un litigio, O.J. picchia Nicole tanto che la corte lo condanna a farsi un periodo di terapia presso uno psichiatra. Dopo il divorzio le cose vanno peggio. O.J. è gelosissimo. Costringe il baby sitter di Nicole, Brian Kaelin, detto Kato, a lasciare il condominio Bundy, in cui vive lei, e a trasferirsi al Rockingham, dove vive lui. E poi continua a essere violento.

Al 911 hanno una chiamata registrata. O.J. ha trovato un album di foto di un vecchio fidanzato di Nicole ed è andato su tutte le furie. Nicole lo chiude fuori di casa e chiama la polizia. È terrorizzata. Si è chiusa di sopra con i bambini e vuole che mandino qualcuno a casa perché ha paura, c'è O.J. fuori che la sta insultando rivolto ai vicini, urla e picchia sulla porta come se volesse buttarla giù. Piange, Nicole, mentre l'operatore del 911 le chiede con estrema professionalità se O.J. sia armato, se sia ubriaco o sotto l'effetto di stupefacenti, e se sia lui quello che sente urlare in sottofondo, finché alla fine non arriva la volante con gli agenti e Nicole può scendere di sotto. Di chiamate così, da Nicole, il 911 ne riceve almeno altre otto.

Secondo i detective della omicidi c'è qualcosa che non va anche nei movimenti di O.J. quella notte, e nel suo alibi. Quella sera c'era stato il saggio di danza di Sidney. O.J. c'era andato e l'aveva seguito assieme a Nicole e al resto della famiglia. Poi li aveva lasciati, si era fatto portare da Kato Kaelin a un McDonald dove aveva preso un hamburger che aveva mangiato sulla strada di casa, perché alle undici e quarantacinque aveva l'aereo per Chicago. Kato lascia O.J.

a Rockingham alle nove e quaranta. Alle dieci O.J. fa una telefonata alla sua fidanzata del momento, Paula Barbieri, ma la fa dal telefono che ha montato sul suo Bronco.

Intanto Nicole, Sidney e un'altra decina di persone tra parenti e amici vanno al Mezzaluna per una cena alla quale, naturalmente, O.J. non è stato invitato. Ci stanno dalle sette alle otto e mezzo, poi Nicole va a prendere un gelato con i bambini e torna a casa.

Attenzione, adesso. Alcuni testimoni dicono di aver sentito abbaiare un cane al condominio Bundy tra le dieci e un quarto e le dieci e venti e un vicino dice di aver visto il cane di Nicole, un grosso Akita bianco e marrone, correre libero per la strada attorno alle dieci e quarantacinque, col pelo sporco di sangue. A mezzanotte e dieci, due passanti vedono i corpi di Nicole e Ronald Goldman e chiamano la polizia.

Intanto, alle dieci e venticinque, a casa di O.J. a Rockingham, c'è Allan Park, che fa l'autista di limousine per la Town and Country ed è andato a prendere O.J. per portarlo all'aeroporto. Allan suona il campanello e aspetta, ma dalla villa non esce nessuno. Resta lì per una mezz'oretta, a suonare e aspettare, fino alle dieci e cinquantaquattro, quando vede un uomo piuttosto grosso e di colore correre verso la villetta. A quel punto le luci del parco si accendono e O.J. risponde al citofono dicendo che arriva subito. E arriva, vestito per il viaggio e con quattro valigie. Partono tutti e due di corsa per l'aeroporto e O.J. fa in tempo a prendere il suo aereo.

Perché sono importanti gli orari? Perché i detective della omicidi di Los Angeles Ovest sono convinti che O.J. abbia ucciso Nicole e Ronald Goldman, per gelosia, lo abbia fatto attorno alle dieci e un quarto, poi sia scappato, si sia disfatto dell'arma del delitto, e sia tornato a casa di nascosto. E portano a sostegno anche la testimonianza di Kato, che dice di aver sentito dei rumori sul retro della villetta di O.J. attorno alle dieci e cinquantadue.

Cinque giorni dopo il delitto, la procura convoca O.J. per notificargli l'accusa di duplice omicidio nei confronti di Nicole Brown e Ronald Goldman. O.J. non si presenta all'appuntamento e scappa con il Bronco, puntando una pistola alla testa di A.C. Cowlings, suo amico d'infanzia e compagno di squadra, sotto le telecamere delle televisioni, finché la polizia non lo ferma sulla 405.

O.J. si ritrova davanti al giudice con l'accusa di duplice omicidio di primo grado. Il 22 luglio 1994 si dichiara «not guilty», non colpevole. Il 24 gennaio 1995 inizia il processo. È inutile dire che è un «processo del secolo» paragonabile soltanto a quello che nel '58 vide la figlia di Lana Turner, Cheryl, sul banco degli accusati per aver ucciso l'amante della madre, il gangster Johnny Stompanato. O quello che pochi anni dopo vedrà il cantante Michael Jackson accusato di abusi sessuali su un minorenne. Il processo a O.J. viene seguito e trasmesso in diretta sulle televisioni ogni giorno per tutti i duecentocinquantatré giorni che è durato. A parte O.J., che lo è già, i protagonisti, dal giudice ai rappresentanti dell'accusa e della difesa, ai periti e ai testimoni, diventano tutti delle star.

Da una parte, a sostenere lo Stato contro Orenthal James Simpson, c'è una donna, Marcia Clark. Marcia è bianca, gelida, dura e sempre elegante, parrucchiere e abito nuovo quasi a ogni udienza. Ha quarantun anni, ha divorziato due volte e da quando è entrata nell'ufficio del procuratore distrettuale, dieci anni prima, non ha mai perso un processo. Con lei c'è Christopher Darden, più giovane e meno duro, ma soprattutto nero.

Dall'altra parte c'è un pool di avvocati, investigatori privati ed esperti guidato da un veterano dei tribunali come Robert Shapiro, ebreo, bianco, stratega, gran parlatore, abilissimo a convincere chiunque di qualunque cosa. Assieme a lui c'è il mitico Johnnie Cochran junior, di Los Angeles, che dopo un inizio di carriera in procura alla metà degli anni Settanta è passato alla difesa. Cochran è abilissimo nel contraddittorio ed è dotato di un'ironia pungente che diverte pubblico e giuria e manda in bestia procuratori e testimoni. Ed è nero.

A presiedere il tribunale c'è il giudice Lance Ito, famoso per essere un uomo tranquillo e compassionevole. Di origine giapponese. E poi c'è la giuria, dodici persone, otto donne e quattro uomini, otto neri afroamericani, un bianco caucasico, un ispanico e due meticci. Che però subito cambia per motivi tecnici: sette neri, quattro bianchi e un ispanico. Non sono dettagli. È importante la composizione razziale della giuria, come anche le origini etniche dei protagonisti. Perché ben presto il processo a O.J. Simpson diventa anche un processo dai risvolti razziali.

Contro O.J., Marcia Clark gioca le prove raccolte dai detective: le macchie di sangue, le tracce rilevate sul luogo del delitto, a casa di O.J. e nella sua macchina, la ferita al medio e il sangue nel guanto. L'esame del Dna che porta O.J. sul luogo del delitto. I tempi, che dimostrerebbero la mancanza di alibi di O.J. e la possibilità per lui di commettere il delitto. Un coltello, che i periti dell'accusa considerano l'arma del delitto, che appartiene a O.J. E poi il suo rapporto con la ex moglie, il suo comportamento brutale, il suo essere un uomo violento che picchia una donna indifesa. L'essere stato rifiutato alla cena dopo il saggio della figlia sarebbe stata la causa scatenante per l'ultima crisi di gelosia violenta contro Nicole, e il povero Ronald Goldman si sarebbe trovato nel posto sbagliato al momento sbagliato.

A favore di O.J., Shapiro e Cochran rispondono con una serie di confuse contraddizioni che hanno distinto le indagini nell'immediatezza del delitto. Fin dall'inizio, dicono, il caso Simpson è stato un enorme pasticcio. La perquisizione fatta a casa di O.J. a Rockingham è stata effettuata senza un mandato, gli elementi di prova non sono stati rilevati correttamente, i rapporti dei detective sono pieni di contraddizioni. Secondo i periti della difesa l'autopsia sposterebbe più avanti l'ora della morte, restringendo i tempi per O.J., che non avrebbe potuto tornare a casa, ripulirsi, cambiarsi e presentarsi all'appuntamento con Allan Park, l'autista della limousine che lo stava aspettando. Presentano anche un videotape che mostra O.J. al saggio della figlia, sereno e tranquillo.

Ma la carta più importante che Shapiro e Cochran giocano contro Marcia Clark è il detective Fuhrman, che a un certo punto diventa suo malgrado quasi un teste della difesa. Non hanno solo fatto un pasticcio i detective della omicidi di Los Angeles. Hanno addirittura falsato le prove, soprattutto Fuhrman. Perché? Perché è un razzista. Fuhrman nega. Mai stato razzista. Mai parlato male delle persone di colore. Mai usato la parola «negro» per indicare una persona di colore. Lo giura in tribunale. Poi però salta fuori una serie di audiocassette. Perché c'è una ragazza che si chiama Laura Hart McKinny che vuole scrivere una sceneggiatura per un film poliziesco e ha fatto una serie di interviste a poliziotti. Ha tredici ore di conversazione, parecchie proprio con il suo amico detective Fuhrman. Che usa la parola «negro» per quarantadue volte, e mica alla leggera. Dice che quella storia di raccogliere fondi per le popolazioni colpite dalla carestia in Etiopia, ad esempio, è una sciocchezza. Sono solo un «mucchio di negri scemi», e sarebbe meglio lasciarli morire tutti e usarli come fertilizzanti. Non basta. Racconta a Laura anche come si lavora a volte nella polizia. Cita diciotto casi in cui, se le prove non ci sono ma si è sicuri del colpevole, be', in qualche modo le prove saltano fuori. Sentito in tribunale a proposito delle audiocassette, il detective Fuhrman si appella al quinto emendamento, che gli permette di non rispondere per non farsi incriminare.

Sono cose che colpiscono, soprattutto se udite in tribunale da una giuria come quella, in un caso come quello, in cui un eroe dello sport di colore viene contrapposto a un poliziotto bianco razzista. Il processo assume un risvolto pesantemente politico. Parte dell'opinione pubblica bianca vede in O.J. un uomo brutale che picchia la moglie e che sta cercando di farla franca grazie al fatto di essere famoso e potente. Per alcuni dei bianchi colpevolisti, quelli più razzisti, O.J. è un «negro ricco» che dovrebbe finire in galera. Parte dell'opinione pubblica nera lo vede invece come una vittima degli abusi della polizia e molti si riconoscono in lui. La reale consistenza dei fatti perde importanza e credere o no che ci siano abbastanza prove per condannarlo diventa inconsapevolmente una scelta politica. E tutto questo in una città che non può dimenticare i «riots», i disordini che nel 1992 scoppiano nel ghetto nero di South Central dopo l'assoluzione dei quattro poliziotti che sotto l'occhio di una telecamera pestano selvaggiamente Rodney King, l'uomo di colore che hanno appena fermato. Cinquantotto morti, centinaia di feriti e un miliardo di dollari di danni.

Il 3 ottobre 1995, dopo duecentocinquantatré giorni, la giuria, che per tutto il tempo è stata praticamente sequestrata in un albergo vicino al tribunale, si ritira per emettere la sentenza. A decidere ci mette poco più di tre ore, sorprendendo sia l'accusa che la difesa.

«Not guilty.»

Orenthal James Simpson è innocente. Il caso è chiuso.

L'istrionico avvocato Cochran ha battuto l'algida procuratrice Clark.

Ma ci sono alcuni strascichi, sia politici che giudiziari. La sentenza non convince i colpevolisti, naturalmente. O.J. è un violento che grazie alle conoscenze giuste, ai soldi e agli avvocati è riuscito a farla franca. Oppure, semplicemente, un «negro ricco» che ha fregato il sistema. Gli innocentisti esultano, con feste e manifestazioni di giubilo per le strade della comunità nera.

Dal punto di vista giudiziario, invece, la situazione si

complica. O.J. è stato assolto in sede penale per la morte di Nicole e Ronald Goldman.

Ma c'è anche un processo in sede civile, per il quale un'altra giuria di dodici persone deve decidere se O.J. sia responsabile e nel caso a quanto ammonti il risarcimento che deve pagare alle famiglie delle vittime. La giuria convocata dalla Corte Suprema presso il tribunale di Santa Monica, in California, si ritira e resta in camera di consiglio dodici ore. Quando esce, il 4 febbraio 1997, ha un verdetto unanime, che risponde «yes», sì, alle otto domande del questionario, da «trovate una preponderanza di prove che dimostrano che l'imputato O.J. Simpson ha causato la morte» eccetera eccetera, fino a «siete in grado di stabilire l'ammontare della cifra che i parenti» eccetera eccetera. «Yes» a tutto, e sotto l'ultima domanda un numero: otto milioni e mezzo di dollari. Per i familiari di Goldman. Per quelli di Nicole devono ancora stabilire la cifra, che alla fine, sommata a quella precedente, arriverà fino a cinquantasette miliardi di lire.

Per il processo penale O.J. è innocente e quindi niente galera.

Per quello civile è colpevole e quindi un sacco di soldi.

Caso chiuso. Qualche mese dopo, il tribunale pignora i beni di O.J., stabilendo quali devono essere messi all'asta. Tra questi un set di sei borse in pelle con centoquattro mazze da golf, una cassaforte laccata in stile cinese, una lampada di cristallo e una statua di bronzo raffigurante l'ex campione.

Crime Scene Investigation

È scomparsa una mattina d'inverno nemmeno troppo fredda, una mattina che mancava poco a Natale e a lei veniva da piangere.

Era arrivata dalla Moldavia solo pochi mesi prima, affidando a sua madre il figlio di sette anni. Gli aveva detto, a Ivan, che presto sarebbe tornata a prenderlo, che avrebbero trovato una bella casa e poi sarebbero andati al cinema, e a comprare vestiti, e poi giocattoli, e poi...

L'hanno trovata nuda, ai bordi della strada, strangolata e scaricata dall'auto che nemmeno si era fermata; lui aveva rallentato, aperto la portiera e spinto giù quel corpo che non valeva più niente.

E dopo l'ultima, inevitabile violenza dell'autopsia l'hanno riportata a casa, affidata al dolore imbarazzato di chi la conosceva, agli occhi spalancati di un bambino che non capiva, e forse non riuscirà mai a capire.

Sono passati sei mesi, e ancora non si è scoperto nulla del suo assassino. Ma alla omicidi nessuno molla, perché nessuno vuole dimenticare quella povera donna. E poi un caso di omicidio non si chiude mai, perché anche dopo anni, con la determinazione e magari anche con l'aiuto dei colleghi della scientifica, l'assassino lo puoi sempre catturare.

E non sarebbe la prima volta.

Esiste il delitto perfetto?

Le cronache e l'esperienza sembrano proprio dirci di sì, o almeno un delitto è perfetto quando, per le ragioni più diverse, non si riesce a identificare e ad arrestare il suo autore.

Ma un legame tra il criminale e la sua vittima esiste sempre, e proprio da questa semplice constatazione inizia il lavoro di un investigatore, un professionista che si muove applicando sempre più i metodi delle scienze naturali. Prima di tutto l'analisi, lo studio di un elemento sconosciuto per comprenderne le caratteristiche essenziali; poi il confronto, cioè la comparazione con le caratteristiche di altri elementi già noti; quindi la valutazione, per cogliere somiglianze e diversità e raggiungere l'identificazione.

Sono le basi su cui si fondano le scienze forensi, che per l'American Academy of Forensic Sciences rappresentano «lo studio e la pratica delle applicazioni della scienza per gli scopi previsti dalla legge»; è una definizione dal significato ampio, che comprende campi come la medicina legale, la tossicologia, la psicologia e l'antropologia, la criminologia, così come il lavoro degli esperti di balistica, di impronte digitali, di analisi dei documenti e della voce.

Spesso il termine «scienze forensi» si sovrappone a quello di «criminalistica», professione e disciplina che nel campo della legge si occupa di riconoscere, identificare, individualizzare e valutare le prove fisiche attraverso l'applicazione delle scienze naturali. In natura non ci sono due oggetti, due elementi, due caratteristiche di un individuo che siano esattamente uguali, ogni cosa nell'universo è unica, e la criminalistica è la scienza dell'individualizzazione.

Nel loro lavoro gli investigatori e gli scienziati forensi cercano tracce, prove, e le classificano in due semplici e grandi categorie: le prove personali, come ad esempio le testimonianze, dove la soggettività gioca un ruolo importante, e le prove fisiche, come le impronte digitali o gli esami tossicologici, oggettivi e oggettivabili.

Un secondo tipo di classificazione parla di prove biologiche, prove fisiche e tracce eterogenee, ma qualunque sia la divisione adottata, tutti gli esperti in scienze forensi hanno un ruolo sempre più importante e sempre più riconosciuto nella lotta al crimine.

Ma sarebbe un errore pensare che l'alleanza tra scienza e investigazione sia una faccenda nata solo qualche anno fa, magari con l'introduzione del luminol, o con la scoperta che dalla saliva lasciata sul mozzicone di una sigaretta si può estrarre l'informazione genetica dell'assassino, il suo Dna.

Ecco un esempio, per tutti.

La dinastia Sung in Cina ha mantenuto il potere per più di trecento anni, dal 960 al 1279. Trecento anni nei quali si sviluppano arti e cultura, e il medico Sung Tz'u compone il primo trattato di scienze forensi conosciuto al mondo, lo *Hsi Yuan Chi Lu*, che possiamo tradurre come «Lo spazzare via i torti, le ingiustizie», ma anche «Lo sgombrare il campo dagli errori». Porta la data del 1247, e precede di secoli i primi lavori medico-legali dell'Europa rinascimentale, come il trattato di Fortunato Fedele del 1602 e il più famoso manuale di Paolo Zacchia del 1635.

Ma quello che colpisce in Sung Tz'u è la modernità del suo approccio, sono le domande che l'antico «coroner» si pone, parlando di vittime e omicidi che sembrano uscire dalle pagine di cronaca nera di uno dei nostri quotidiani.

E anche di qualche caso «singolare».

Le indagini non riguardano solamente quelle situazioni in cui le cause della morte siano da ricondurre alle ferite mortali inflitte con armi da taglio, alle percosse con altri mezzi, ai colpi portati con pugni e calci, ma anche quei casi di suicidio per impiccagione, alle morti per strozzamento, o ancora ai casi in cui un soggetto si sia gettato in acqua annegando, o sia stato affogato da altri. Talvolta possono essere semplicemente morti di malattia. ... le situazioni sono molteplici, ma tutte dense di difficoltà e dubbi. Nel momento dell'investigazione nulla deve essere trattato con leggerezza. Se viene commesso un infinitesimo errore, le ripercussioni potranno condurre lontanissimo dalla verità.

Nel condurre indagini su cadaveri quando il caso è dubbio, se le ferite sono state provocate da una lama che è penetrata nel corpo, è necessario esaminare sia l'aspetto esterno che interno della bocca della ferita. Ampie lesioni sono da fendente, mentre le piccole sono da penetrazione. Se il cadavere appare decomposto, devono essere esaminati gli indumenti che originariamente vestiva, per vedere se le lacerazioni dell'abito corrispondano alle ferite della carne.

Un corpo potrà essere talvolta rinvenuto prono su un giaciglio, con un piccolo coltello o un pezzo di bamboo nella mano destra. Se la ferita è posta tra la gola e l'ombelico, può essere il caso di un soggetto che sia inciampato perché ubriaco e sia caduto sull'arma che teneva in mano, ferendosi da solo. Se nelle vicinanze appare un rialzo, o il terreno è scivoloso, bisogna esaminare se vi siano sul cadavere beni di valore, oppure altre ferite, così da verificare se la vittima abbia potuto o meno perdere l'equilibrio e ferirsi.

Nel condurre un'indagine su una donna che non presenta ferite apparenti, vanno esaminati i genitali, perché vi può essere stato inserito un coltello che ha penetrato gli organi vitali attraversando lo stomaco. Se la lama non è penetrata troppo in profondità rispetto alla superficie del corpo, allora sopra e sotto l'ombelico si potranno apprezzare piccole ecchimosi, che non saranno visibili se la ferita si è approfondita internamente tra le viscere. Frequentemente questo tipo di morte è da attribuire a uomini solitari che vogliono essere mantenuti dalle donne. Se la vittima è un uomo, deve essere esaminata la cima del capo, per verificare che non vi sia stato infitto un chiodo a testa larga, come pure il retto, per escludere sia stato penetrato da oggetti. Casi simili spesso coinvolgono i colleghi di un uomo anziano che ha una moglie giovane.

Se sul corpo di una vittima non vi sono graffi e ferite, ma il volto è di colore blu o nero, e talvolta un lato della faccia appare gonfio, questo sta spesso a indicare che un aggressore ha usato qualcosa per coprire il naso e la bocca della vittima e soffocarla ...

... Per quanto riguarda il suicidio per impiccagione, esso può essere facilmente distinto dai casi in cui la vittima è stata strangolata o è morta durante un'aggressione premeditata, e l'omicidio fatto passare per suicidio. Dove la vittima si è veramente tolta la vita, utilizzando una corda o qualcosa di simile per impiccarsi, la carne dove la corda si incrocia dietro alle orecchie sarà di un colore rosso intenso, gli occhi appariranno chiusi, le mani serrate a pugno, le labbra scostate e i denti esposti. Se la corda passa alta sulla gola, allora la lingua potrà premere contro i denti. Se più in basso sulla gola, la lingua spesso sarà molto protrusa, e si troverà della saliva sul petto; se un altro uomo ha strangolato la vittima e ha provato a farlo passare per suicidio, la bocca e gli occhi saranno aperti, le mani aperte, e i capelli in disordine. La circolazione del sangue sarà stata interrotta alla base della gola, i segni della corda appariranno poco profondi e di colore poco pronunciato, e la lingua non sarà esposta né schiacciata contro i denti. Sul collo si ritroveranno i graffi prodotti dalle unghie della stessa vittima, e sul corpo si potranno trovare altri segni di ferite...

Forse agli investigatori accorsi sotto il ponte dei Frati Neri a Londra, e a tutti quelli che negli anni successivi si sono occupati della morte di Roberto Calvi, il manuale di Sung Tz'u avrebbe fatto comodo.

Oggi, che si tratti di un regolamento di conti tra la malavita organizzata, di un marito che uccide la moglie per poi togliersi la vita, oppure del cadavere di una prostituta ritrovato in una zona isolata, tutto comincia con una segnalazione, una telefonata che arriva alla centrale operativa delle forze di polizia. Da qui la notizia viene trasmessa all'auto di pattuglia più vicina che raggiunge il luogo dove è stato segnalato il delitto, e contemporaneamente scatta l'allarme per gli uomini della omicidi e per il magistrato di turno, che ha il compito di coordinare le indagini.

Tutto converge sulla scena del crimine, la palestra più importante e la sfida più delicata per chi deve identificare, raccogliere, analizzare e interpretare i segni lasciati dalla vittima e dal suo aggressore.

Il passaggio iniziale è nelle mani dell'ufficiale di polizia che arriva per primo sulla scena. Lui sa che deve seguire una procedura, rispettare un protocollo, e che un errore in questa fase può determinare l'insuccesso dell'indagine.

Innanzitutto deve prendersi cura della vittima, se la trova ancora in vita, poi ricercare e fermare il responsabile del crimine, quando non si sia allontanato facendo perdere le tracce.

È indispensabile capire subito chi può essere un testimone utile, chi ha informazioni che possono aiutare a ricostruire la dinamica dei fatti, e in tal caso isolarlo, separarlo dagli altri spettatori, per conservare così la sua obiettività.

Poi occorre proteggere la scena del crimine con il nastro segnaletico, se è necessario con le stesse auto intervenute. Solo chi è coinvolto nelle indagini deve poter avere accesso all'area, e comunque va registrata ogni cosa. Nessuno deve fumare, bere o mangiare sulla scena, perché ancora oggi può capitare che, nella speranza di risalire all'aggressore, venga analizzata per il Dna la saliva trovata su un mozzicone di sigaretta fumata da un irresponsabile.

E quando arrivano i colleghi della omicidi e gli esperti della scientifica, a loro vanno comunicati tutti i dettagli, tutte le modificazioni e le alterazioni avvenute: l'intervento dei sanitari per constatare la morte, ad esempio, oppure le precauzioni prese perché una traccia non venga cancellata dalla pioggia o spazzata dal vento.

Tutto quanto si può riassumere in una formula, un principio ben impresso nella mente di chi effettua il primo intervento: «protect and preserve», proteggi e preserva, una regola fondata su quel principio di interscambio, illustrato già nel 1910 da Edmund Locard, responsabile del laboratorio della polizia scientifica di Lione:

> Sul criminale possono essere ritrovate tracce della vittima e della scena del crimine, come pure la vittima può avere su di sé tracce che rimandano all'aggressore. E, ancora, l'aggressore può lasciare traccia di sé sulla scena del delitto.

Le scene di un crimine non rappresentano mai qualcosa di statico, di perfettamente definito, e proprio per non correre il rischio di perdersi è necessario classificare, e cominciare a distinguere scene macroscopiche e microscopiche: un esempio che illustra bene la prima situazione è quello di un cadavere gettato in un campo, con ferite d'arma da fuoco, e qui la scena comprende le ferite, il corpo e il terreno circostante. Invece il termine microscopico rimanda a un angolo di visuale più focalizzato, alla valutazione delle tracce trovate sul cadavere, ad esempio i residui di sparo che circondano una ferita.

Si può poi parlare di scena del crimine primaria, il luogo dove ha avuto origine il primo atto criminale, e di scene secondarie, momenti successivi dell'opera di un assassino, come nel caso di un'aggressione mortale nella camera di un albergo, le cui scene secondarie possono essere il bagagliaio di un'auto dove il cadavere viene sistemato, e, infine, una discarica.

Altre classificazioni si basano sul movente del delitto, oppure sulla localizzazione spaziale, e avremo allora scene «outdoor» e «indoor», all'aperto e al chiuso, e ognuna richiede un approccio diverso, certo più complesso quando ci si trova a operare in spazi esposti ai cambiamenti del tempo.

Jane Doe n. 9

Fa freddo in quella mattinata di dicembre del 1987; dal mare sale un vento che toglie il respiro e fa venir voglia di tornare a casa; e invece la squadra di muratori deve lavorare, e lavorare sodo al nuovo complesso residenziale che hanno deciso di costruire a Venice, Los Angeles.

Il capomastro segue i suoi uomini qualche passo più indietro, la testa già presa dai problemi della giornata, quando vede i compagni del cantiere agitarsi, alzare la voce; qualcuno urla e sembra che abbia trovato qualcosa, qualcosa di terribile. Gridano al loro responsabile di chiamare la polizia, ma lui si avvicina, vuole prima vedere, anche se sa già che non è una buona idea.

Fatica a capire cosa sia quella strana forma che sembra inghiottita dal cemento: poi comprende, o almeno così gli sembra, perché ha la strana sensazione che tutto arrivi da molto lontano, che le voci siano distanti, i contorni sfuocati: una donna, sembra proprio una donna, o almeno quello che ne rimane.

Gli investigatori della polizia di Los Angeles si trovano di fronte a un caso complicato: femmina, età compresa tra i quaranta e i cinquant'anni, identità sconosciuta, tanto che sul rapporto ne parlano come di Jane Doe, il nome con cui si indica il cadavere non identificato di una donna, e aggiungono un numero, il 9, perché già altre otto poverette attendono in una cella frigorifera che qualcuno dia loro un nome.

Una cosa gli investigatori capiscono subito: si tratta di un omicidio, come dicono quelle ferite da arma da taglio che l'occhio allenato vede nelle tacche profondamente incise sul margine delle ossa costali. La testa e la parte superiore del tronco sono scomparse e ricoperte dal cemento, che però ne ha conservato il calco, proprio come è avvenuto duemila anni prima a Pompei, con le figure fissate nella cenere per l'eternità, nel tentativo inutile di fuggire da un'eruzione.

Dall'impronta del capo gli artisti della polizia scientifica riescono a trarre una maschera mortuaria, quindi un disegno, un identikit, che diffondono sui giornali, alla televisione.

Un uomo si presenta con la fotografia di una conoscente scomparsa, un ritratto che assomiglia all'identikit, e forse c'è un nome, ma certamente ci sono le sue impronte, raccolte in un controllo di routine per l'assunzione in un posto di lavoro.

Il cadavere giace con le braccia incrociate, e le dita hanno lasciato un solco nel cemento, una sostanza che si rivela in questa occasione sorprendentemente omogenea, e c'è la possibilità che abbia conservato le impronte digitali della donna. Tocca allora alla Latent Print Section, la Sezione impronte latenti, che inizia a sperimentare quale sia la sostanza migliore per ottenere il calco delle dita, tenuto conto delle caratteristiche del tutto particolari di quel campione; non è un lavoro facile, e il rischio di distruggere per sempre una prova è reale. Alla fine la scelta cade sul silicone, che viene iniettato, lasciato asciugare e rimosso con cautela. Creste papillari dall'andamento sinuoso, a disegnare anse, archi e vortici: il riconoscimento è positivo, la donna non è più Jane Doe numero 9. Ma nel silicone è rimasto impresso anche il suo disperato tentativo di difendersi dall'assassino, è rimasto impresso nei tagli della carne, nelle dita e nel palmo della mano che cercava di afferrare il coltello; le chiamano ferite da difesa, non certamente mortali, ma spesso colpiscono e impressionano più di un fendente al cuore.

Nella bara di cemento gli esperti della scientifica raccolgono altre tracce, altre prove, soprattutto brandelli di tessuto, e un pacchetto di sigarette, in pessime condizioni. Nonostante quest'ultimo reperto metta a dura prova l'abilità del laboratorio della polizia, presto si rivela l'unica traccia che può dire quando è avvenuto l'omicidio.

Il nome del produttore è ancora leggibile e si tratta di Liggett & Meyers, L&M; si riescono a stabilire anche stile del pacchetto, colore, componenti, imposta di concessione. Ma si può andare oltre, e scoprire che la L&M ha venduto sul mercato quel tipo di prodotto, sigarette lunghe in pacchetto morbido, solamente negli Stati dell'Ovest (California, Arizona, New Mexico, Wyoming, Nord e Sud Dakota, Washington, Oregon e Utah) e lo ha fatto dal marzo 1974 al marzo 1975.

Le dimensioni della marca, della tassa governativa applicata dalla manifattura nei singoli Stati, permette poi di stabilire che sicuramente il pacchetto di sigarette è stato venduto in California.

Informazioni preziose, non le sole certamente, ma comunque determinanti per gli investigatori che possono così restringere il campo dei sospetti tra coloro che hanno avuto accesso all'abitazione in quel periodo.

E, alla fine, il sospetto diviene indagato, e da indagato si trasforma in detenuto, con un verdetto di colpevolezza dopo un processo che non ci sarebbe mai stato senza il lavoro degli uomini della scientifica.

Documentare la scena del crimine

Non appena terminata la prima fase di valutazione della scena di un delitto, bisogna documentarne le caratteristiche e le condizioni: annotare, videoregistrare e poi fotografare, e ancora fare schizzi degli ambienti, della posizione della vittima, delle tracce.

È un momento delle investigazioni lungo e spesso noioso, ma fondamentale, se si pensa a quante indagini hanno registrato battute a vuoto o insuccessi, a quanti processi hanno visto prosciogliere imputati certamente colpevoli per una registrazione incompleta o superficiale delle prove e dello stato dei luoghi.

Prendere nota di ogni attività inerente la scena del crimine può sembrare un processo superato, ma non è per niente così, e anzi la capacità di fissare appunti sintetici ma completi impedisce di perdere intuizioni che spesso si rivelano vincenti.

Si comincia con le informazioni sulla segnalazione del crimine: chi e come ha segnalato il fatto, il giorno e l'ora e che notizie ha fornito. Si passa poi ai dati raccolti al momento del primo intervento e alla descrizione della scena: le condizioni meteorologiche, la localizzazione e le caratteristiche della scena del crimine, i punti di entrata e di fuga, i segni della precedente presenza di soggetti, come portacenere e mozziconi, bicchieri, i resti di un pasto; e ancora la presenza e il tipo di arredamento, i mobili, la presenza di armi.

Le ultime annotazioni riguardano la vittima: la posizione del corpo, la presenza e le caratteristiche delle ferite, lo stato degli indumenti e, quando è possibile stabilirlo, l'identità.

La videoregistrazione è ormai diventata un'attività di routine, utilizzata non solo durante le indagini, ma proposta anche nelle aule di giustizia, perché capace di restituire un ritratto in tre dimensioni della scena. Le riprese vanno sempre iniziate dai dintorni, includendo le strade di accesso e di uscita, e poi bisogna cogliere la scena nel suo insieme prima di registrare nel particolare la localizzazione delle tracce; è sempre più utile passare da una visione grandangolare sino ai più piccoli dettagli, piuttosto che saltare da un elemento all'altro, anche se quel singolo dettaglio può essere determinante nella dinamica del delitto. La scena va registrata anche dal punto di vista della vittima, mettendo la macchina vicino al corpo e spostando l'inquadratura in direzione dei punti cardinali. Come nel caso delle fotografie bisogna ricordare che i video assumono valore di prova, e perciò non possono mai essere tagliati o editati.

Nella storia moderna del crimine e delle investigazioni non è raro trovare casi risolti a distanza di anni grazie a una documentazione fotografica corretta. Fissare nel tempo permette di riprendere, analizzare, confrontare, e magari cogliere aspetti prima trascurati. Non si può mai stabilire a priori quanti scatti saranno necessari, quindi vale l'ovvia regola dell'errore per eccesso, piuttosto che per difetto.

L'ultimo atto nella documentazione è rappresentato dagli sketch, gli schizzi, che permettono di ricostruire l'ambiente e gli elementi più interessanti per l'investigatore nel rispetto delle dimensioni e dei rapporti originari. Per far questo si utilizzano di solito due prospettive, quella dall'alto, a «volo d'angelo», e poi una visione laterale della scena. Il futuro si affida però a tecnologie sempre più innovative, come nel caso delle ricostruzioni tridimensionali attraverso i laser-scanner. Se ne impiegano di solito due. Il primo è uno scanner a triangolazione, utilizzato per la scansione di oggetti di piccole dimensioni, sino a un'area massima di due metri per due, con una risoluzione che può arrivare fino a tre decimi di millimetro. Il secondo invece è uno scanner a tempo di volo, in grado di effettuare scansioni con velocità di 800 punti al secondo su grandi distanze, fino a circa 100 metri.

L'incredibile numero di dati raccolti dai dispositivi viene poi gestito da software specializzati e tradotto da computer grafici ad alte prestazioni in visualizzazioni dinamiche e interattive. Con risultati sorprendenti.

Cani da cadavere

Facciamo un passo indietro, un grosso passo indietro.

Capita che l'investigatore trovi sulla scena del crimine tracce inequivocabili di un'aggressione mortale, ma manchi la vittima: non c'è nessun corpo. Allora quello che può fare è affidarsi a uno strumento antico, ma ad oggi ancora insuperato: il fiuto di un cane addestrato, di un «cane da cadavere».

La base di tutto sta nell'olfatto dell'animale, nella superficie totale della sua mucosa olfattiva, che è di circa 150 centimetri quadrati con uno spessore medio di un decimo di millimetro, contro i 5 centimetri dell'uomo e i suoi 5 millesimi di millimetro di spessore; il tutto si traduce in una capacità di percepire gli odori che, nel cane, è da 500 a 700 volte superiore alla nostra. Per sua natura, essendo essenzialmente un carnivoro, avverte e distingue meglio gli odori di tipo animale, ma con un buon addestramento la sua abilità può essere rivolta all'individuazione di sostanze chimiche o vegetali, esplosivi e stupefacenti: ecco spiegate le unità cinofile antidroga o specializzate in esplosivi. Quanto alla razza, bisogna sfatare il mito che il cane più adatto ad affiancare un agente di polizia, per caratteristiche e affidabilità, sia il pastore tedesco. Negli ultimi anni sono stati impiegati con grandi risultati soprattutto labrador e golden retriever, ma non è tanto il pedigree ciò che conta, quanto la capacità di quello specifico animale di apprendere facilmente e di lavorare con il suo conduttore.

Certo, se vogliamo un cane specializzato nel ritrovamento dei resti umani occorre un addestramento particolare, che tenga conto della soglia di stimolo, la quantità di informazioni necessarie perché l'animale abbia una reazione di interesse, e del tempo di attenzione, la durata per la quale viene mantenuta la reazione di interesse. Quando si è alla ricerca di un cadavere la fonte dell'odore non può che essere lo stato di putrefazione dei tessuti, o anche la base chimica creata dalla decomposizione, sostanze che rimangono nel terreno e possono essere riconosciute anche dopo anni.

Per l'addestramento si utilizzano pezzi di maiale, ma anche pezzuole imbevute di sangue, denti umani, acido isobutirrico o particolari sostanze chimiche dal nome poco originale e chiaramente evocativo, come cadaverina e putridina. Un ottimo sostituto consiste in una soluzione commercializzata in fiale in due versioni, denominata Pseudo-corpo 1 e 2, sostanze che non comportano rischi per l'animale, per l'uomo e per l'ambiente, e sono inoltre facilmente reperibili e trasportabili.

Chiedere al più fedele amico dell'uomo di svolgere un compito all'apparenza ingrato non è un esperimento ideato dalla bizzarra mente di uno scienziato forense. Da decenni nei paesi anglosassoni e nel Nord Europa il cane fa parte dei team di ricerca di resti umani, e dal 1999 si è costituito il primo gruppo italiano, sulla base dell'iniziativa comune promossa dall'Istituto di Medicina legale dell'Università di Milano e dalla Sezione cinofila della Protezione civile del capoluogo lombardo.

E i risultati sono importanti. Perché qualunque sia la scena di un delitto, è fondamentale capire chi sia la vittima, ritrovarla, e interrogare ciò che rimane di lei, prima di restituirla alla sua dignità e a chi vuole ricordare.

Morte equivoca

Equivocal death la chiamano gli investigatori di lingua inglese, quando la morte si presta a interpretazioni diverse, quando non è chiaro se la vittima si è tolta la vita, è stata uccisa, o se la sua morte dipende da una causa magari insolita, ma comunque naturale.

Un esempio classico, riportato nei corsi di formazione per investigatori, è quello di una giovane donna che viene colpita da un malore mentre fa jogging in un parco pubblico; la rottura di un aneurisma cerebrale e l'emorragia la fanno cadere a terra, e la morte arriva nel giro di qualche minuto; di lì a poco sopraggiunge un individuo certamente disturbato, che decide di approfittare del corpo della ragazza.

Sembra inevitabile che le indagini si orientino subito verso un omicidio a sfondo sessuale, è l'ipotesi più evidente, e si finisce per trascurare ogni altra possibilità. Compresa quella che testimonierà l'autopsia: un evento naturale. E la contemporanea presenza di un'incredibile perversione in un occasionale passante.

Be open-minded, mantenere sempre una disposizione mentale pronta ad accogliere ogni traccia, spiegazione o interpretazione alternativa di fronte a un delitto: è l'imperativo di tutti i detective, ma anche di ogni esperto della scena del crimine.

A un investigatore della omicidi capita infatti di imbattersi in un'attività di *staging*, di messa in scena, quando un criminale altera la scena del delitto per trarre in inganno, per depistare le indagini. Sono tre le alternative più comuni: il criminale modifica gli elementi della scena perché la morte sembri un suicidio; oppure vuole coprire il vero movente facendo credere che alla base del delitto ci sia il sesso, o una rapina, oppure un furto con scasso finito male; o infine ricorre al fuoco, appicca un incendio per distruggere prove e contemporaneamente indirizza le indagini verso un incidente, un fornelletto del gas lasciato imprudentemente acceso, o magari il classico corto circuito.

È una calda giornata di maggio del 1998, quando Robert rientra a casa e si trova davanti una scena che mai avrebbe immaginato. Adam, trentotto anni, il suo compagno di stanza, si è impiccato alla porta del bagno.

Il suo corpo è sospeso a un cavo, una prolunga elettrica con un nodo da marinaio, mentre l'altro capo del filo elettrico è fissato al pomello della porta. L'uomo ha una calza da ginnastica ficcata in bocca e fissata con una bandana rossa annodata dietro la testa, e le mani dietro la schiena, strette in un paio di manette d'acciaio; anche le gambe sono legate strette tra loro con un pezzo di cavo elettrico.

Investigatori e medico legale cercano un biglietto di spiegazioni, una lettera d'addio, ma non trovano nulla.

Nel corso dell'autopsia il cadavere mostra tutti quei segni che si associano a un suicidio per impiccagione: il solco nella pelle con le sue caratteristiche, le petecchie, piccole emorragie alle congiuntive, e una frattura con infiltrazione emorragica delle grandi corna dell'osso ioide, davanti alla laringe. Ci sono pure delle abrasioni in corrispondenza delle manette, ai polsi, e alle caviglie. Nessun'altra ferita recente, e nel sangue un livello alto, ma non esagerato, di alcol.

A una prima impressione quel suicidio appare sospetto. Ma gli investigatori e gli scienziati forensi non si fidano mai di una prima impressione, e proseguono nelle indagini. Nessun segno di effrazione nell'appartamento, con la porta d'ingresso chiusa e le chiavi all'interno. Nonostante la presenza di apparecchi stereo e altri oggetti di valore nulla è stato rubato, e anzi ci sono centoquaranta dollari in contanti nella stanza da pranzo.

C'è una sedia di legno rovesciata proprio davanti alla vittima, ma nessun altro segno di lotta; ogni mezzo usato per legare il corpo si scioglie facilmente, e si scopre che anche le manette sono finte. Si possono comprare nei negozi di trucchi e magia, perché all'occorrenza possono essere aperte con facilità. E Adam le aveva comprate un anno prima.

Nell'interrogare i testimoni si scopre che il giorno prima della sua morte l'uomo aveva comprato un enorme mazzo di fiori pagato un centinaio di dollari per cercare di riconquistare la sua ragazza. Ma non c'era riuscito. La fine della sua storia sentimentale lo aveva spinto in una grave depressione, e agli amici aveva detto che la sua vita non valeva più la pena di essere vissuta. Alla fine non rimangono più dubbi: Adam si è suicidato e ha voluto camuffare la sua morte facendo pensare a un omicidio, camuffato da suicidio. Il parto di una mente contorta, anche se nella sua storia non si sono scoperti segni di precedenti malattie mentali.

Rimane un'ipotesi, l'unica anche se incredibile: che con quel gesto Adam volesse attrarre l'attenzione, in particolare della sua ex ragazza, suscitarne per un'ultima volta la simpatia, e nello stesso momento farla sentire in colpa.

Non è quindi solo la mano del criminale a complicare la vita all'investigatore. Come nel caso di Adam, e come nelle situazioni chiamate fatalità autoerotica – non certo frequenti, ma nemmeno rarissime – che nella maggior parte dei casi coinvolgono adolescenti e uomini anziani, con qualche isolato caso femminile. Per questi amanti del piacere solitario si tratta in pratica di ridurre il rifornimento di sangue al cervello, in genere attraverso la costrizione del collo, perché la minore ossigenazione rafforzerebbe il piacere legato alla masturbazione. Ma oltre a questo, il mix di comportamenti ritualistici, sentimenti di paura e fantasie trasgressive finisce per creare una combinazione così coinvolgente che chi ne è vittima trova difficile non ripeterla e sempre più spesso, con un rischio di «incidenti» ogni volta più grande. Chi la pratica, infatti, può andare incontro a un malore imprevedibile; oppure non riuscire a liberarsi dalle costrizioni, o ancora sbagliare nel valutare quanto sia reale il rischio solo accarezzato nella fantasia.

E all'investigatore e al medico legale non resta che cercare di capire se quel cadavere è la vittima di un omicidio o di un'originale e tragica fatalità.

Un riassunto efficace e immediato delle regole da adottare per un corretto intervento sulla scena del crimine è presentato in questa tabella, ripresa e modificata da *Techniques of Crime Scene Investigation* di Barry Fisher, uno dei più grandi esperti di Crime Scene Investigation.

Cosa fare	*Cosa non fare*
Limitare l'accesso alla scena usando il nastro	Permettere l'ingresso sulla scena di persone estranee alle indagini
Identificare i possibili percorsi utilizzati dal criminale	Utilizzare i percorsi praticati dal criminale
Registrare accuratamente le condizioni originarie della scena	Confidare che altri annoteranno le condizioni originarie
Annotare ogni modificazione della scena dovuta a interventi propri o di terzi (es. il personale di soccorso)	Non documentare cambiamenti o contaminazioni della scena
Proteggere le prove dalle condizioni ambientali avverse	Permettere che le prove vengano compromesse da fattori ambientali
Evitare di introdurre contaminazioni legate al fumare o al bere all'interno della scena	Mangiare, fumare o utilizzare il telefono rinvenuto sulla scena del crimine
Registrare accuratamente la posizione degli oggetti prima di muoverli	Rimuovere oggetti e imbustarli senza l'opportuna documentazione
Tenere la mente aperta a tutto ciò che potrebbe costituire una prova	Ignorare elementi che sembrano fuori posto o difficili da inquadrare
Fare attenzione a se stessi come fonte di inquinamento delle prove	Muoversi senza precauzioni e toccare oggetti senza necessità
Chiamare personale specializzato per la raccolta di prove e tracce che presentino difficoltà	Dare per scontato che gli esperti possano sempre fornire interpretazioni complete e corrette a materiale non correttamente raccolto e documentato

II

L'identità della vittima e il momento della morte

Il caso di Gianfranco Stevanin

Terrazzo, in provincia di Verona.

16 novembre 1994. Cinque minuti all'alba.

Ferma al casello autostradale di Vicenza Ovest c'è un'auto targata Verona. A bordo ci sono due persone, un uomo e una donna, e all'equipaggio della volante in servizio sulla piazzola sembrano una normale coppia che si è alzata presto o che sta andando a letto tardi. Tutto regolare, l'uomo ha abbassato il finestrino e sta pagando il biglietto, ma all'improvviso la portiera del passeggero si spalanca e la donna si lancia fuori e corre verso gli agenti gridando «Aiuto! aiuto! Fermatelo, ha una pistola!».

Gli agenti si avvicinano alla macchina e in effetti vedono che sul sedile l'uomo ha una pistola, e così lo fermano per un controllo, anche se quell'uomo sembra tranquillo e, a parte la pistola che poi risulterà essere soltanto un giocattolo, sembra un giovane a posto, perfettamente normale.

Normale? La storia che la donna racconta, quella che l'ha fatta uscire dalla macchina, non è una storia normale.

Tutto comincia la sera prima, martedì 15 novembre, attorno alle nove e un quarto. La donna, quella che scappava, si chiama Gabrielle Musger, ha ventotto anni e fa la prostituta. È sulla strada che porta a Vicenza in attesa di essere caricata dal prossimo cliente quando passa quell'auto targata Verona. Dentro c'è un giovane elegante e distinto, dai modi molto educati. Dice che vuole farle delle fotografie, che le dà 500 mila lire, un milione se si fa riprendere nuda. L'uomo sembra a posto, ha un aspetto rassicurante, i soldi sono tanti, Gabrielle accetta e sale in macchina.

Durante il tragitto che li separa dal paesino di Terrazzo, dove stanno andando, l'uomo parla, le racconta di sé, ma soprattutto fa domande. Strane domande, le chiede se è clandestina, se ha documenti di identità, se ha il passaporto con sé. Si fermano quando arrivano a una villetta isolata, una casa azzurra, appena fuori dal paese. La casa è deserta, completamente vuota e silenziosa.

Nella villa c'è una cucina in cui è pronto un armamentario fotografico, macchine sui cavalletti, flash... Però, c'è anche qualcosa che a Gabrielle non piace.

Ci sono corde, corde di nylon, bende bianche e nere, tutto quello che serve a legare una persona. Gabrielle si spaventa, si tira indietro, allora quell'uomo gentile dall'aspetto rassicurante, quel giovane dall'aria così a posto, cambia improvvisamente. Estrae una pistola e la minaccia, tira fuori un coltello e minaccia di farle male, molto male, le racconta anche come. Poi la costringe a vestirsi con una tutina azzurra, le fa indossare una collana di finti turchesi, la fa stendere su un tavolo ricoperto da una tovaglia azzurra, la lega e la violenta. E intanto le scatta delle fotografie.

Gabrielle è terrorizzata, si trova sola, in una villa persa nella nebbia della Bassa, un posto da cui è impossibile scappare e in cui gridare non serve. Sola con quell'uomo strano, armato. Cosa vuole quell'uomo? Cosa vuole farle davvero? A un certo punto riesce a chiudersi in bagno e cerca di scappare dalla finestra, ma l'uomo se ne accorge, picchia contro la porta, riesce a sfondarla ed entra a riprenderla.

Gabrielle ha paura, ma riesce a mantenere il sangue freddo. E a pensare. Dice all'uomo di avere dei soldi a casa. Venticinque milioni in contanti. Sono suoi se li vuole, basta andare a prenderli. L'uomo esita, l'idea lo tenta ma ha paura di una trappola. E se a casa della ragazza c'è qualcuno? Lei insiste. Lo asseconda, finché non lo convince e assieme tornano in macchina per andare a Vicenza.

E là, al casello di Vicenza Ovest, la volante della polizia ferma sulla piazzola. Gli agenti.

«Aiuto! aiuto! Fermatelo, ha una pistola!»

L'uomo si chiama Gianfranco Stevanin e risiede a Terrazzo, in provincia di Verona. Professione: coltivatore diretto, anche se in realtà non è che lavori proprio, vive di rendita, perché la sua è una famiglia di ricchi contadini della zona, che non gli fa mancare nulla. È conosciuto in paese, Gianfranco Stevanin, dove si fa vedere sempre ben vestito, al volante di una bella macchina, sempre gentile con tutti al bar e al ristorante che frequenta. Uno conosciuto, insomma, tanto che il giorno dopo il suo arresto non si ritiene necessario perquisire la villa e neppure il casolare in cui Stevanin va spesso, che è chiuso e disabitato, come lui stesso mostra ai carabinieri.

In precedenza, però, qualche guaio con la giustizia lo aveva avuto.

Da giovane, sui diciotto anni, era stato accusato di rapina per essersi fatto consegnare una spilla da una ragazza fingendo di avere una pistola. Sempre facendo finta di avere una pistola aveva costretto una ragazza ad accompagnarlo a una fiera. Di più, aveva finto di essere stato rapito per chiedere un riscatto ai suoi genitori. C'è qualcos'altro. A ventitré anni, con la macchina, investe una donna in bicicletta e la donna muore. Una volta, poi, viene fermato con uno strano armamentario in macchina: una targa falsa, coltelli a serramanico, forbici, macchine fotografiche... tutto quanto potrebbe servire per un'aggressione a scopo sessuale come quella subita da Gabrielle.

Va bene, è un tipo strano questo Stevanin. Anche se sembra un bravo ragazzo non è del tutto a posto, è pericoloso, ha sequestrato e violentato Gabrielle e per questo, per violenza carnale e sequestro di persona, viene arrestato e processato. Tre anni e quattro mesi col rito abbreviato. Fine della storia.

E invece no. È solo l'inizio.

3 luglio 1995. Lunedì mattina. Sono passati sette mesi da quando Stevanin è finito dentro e il giorno dopo dovrà tornare a casa, perché ha ottenuto gli arresti domiciliari. A poca distanza da casa sua c'è un campo di proprietà degli Stevanin, e in quel campo, quel lunedì mattina, c'è un bracciante che sta lavorando per loro. Il bracciante sta pulendo un fossato quando la lama della sua falce si impiglia in qualcosa.

È un sacco di iuta, chiuso da un laccio. Il contadino lo apre e vede che contiene un altro sacco, uno di quelli di plastica usati per il mangime del bestiame. Ma dentro il sacco non c'è mangime.

C'è un tronco umano. Un tronco di donna, senza gambe, senza braccia e senza testa.

Stevanin viene fermato di nuovo. Niente arresti domiciliari, resta in carcere. Maria Grazia Omboni, il magistrato che da quel momento prende in mano il caso, lo blocca lì in attesa di ulteriori indagini.

Un sacco di plastica identico a quello che era nel fossato è stato ritrovato nel baule dell'auto di Stevanin e i carabinieri stanno perquisendo dappertutto. Non si conosce l'identità di quel corpo trovato nel fossato, una donna, una ragazza tra i diciassette e venticinque anni, dalla corporatura minuta, alta circa un metro e mezzo. Chi è quella ragazza?

Stevanin non lo sa. Non l'ha mai conosciuta. Cade dalle nuvole. Certo, non è il ragazzo tranquillo che sembra, è in prigione per aver violentato una ragazza, ma con quello che è stato ritrovato nel campo, con quella cosa mostruosa che è successa, lui non c'entra.

Ma è vero?

A questo punto succede qualcosa.

Nel campo in cui è stato ritrovato il tronco della ragazza sconosciuta c'è un casolare. È una costruzione quadrata, con le persiane dipinte di azzurro, alla fine di via Brazzetto, che dal paese di Terrazzo porta sino al fiume. Sta in mezzo ai campi della Bassa, quella casa isolata, e c'è da pensare che quando c'è la nebbia, nelle notti d'inverno, sparisca, come inghiottita dal nulla.

Nel casolare i carabinieri di Legnano, guidati dal comandante colonnello Pacchiarotti, e gli esperti del Ris di Parma, la scientifica dei carabinieri, entrano la mattina del 7 luglio.

Nelle stanze del casolare, nel garage trasformato in tavernetta, nella cucina e nelle varie camere da letto, i carabinieri trovano un sacco di cose. Indumenti intimi femminili. Cinque paia di calze di seta. Corde, corde di iuta, corde di nylon, nastro adesivo. Borse da donna.

E sangue. Sangue sui muri, sul pavimento delle stanze, sulle scatole di cartone del garage. Sangue.

Non è tutto lì, in quel casolare che da quel momento verrà chiamato «il cascinale degli orrori». I carabinieri continuano la perquisizione e vanno anche nella villa azzurra, in via Torrano.

Lì Stevanin abita assieme ai genitori, come un bravo ragazzo, e ha una sua stanza che ha sempre la porta chiusa e nella quale è proibito entrare, a chiunque. I carabinieri invece entrano e nella stanza di Stevanin trovano un intero guardaroba di indumenti intimi femminili, una quantità di videocassette e riviste pornografiche, taglierini, coltelli, rasoi, corde, bende e guanti di lattice. E non solo.

Ci sono ciocche di capelli e un sacchetto pieno di peli pubici.

E poi ci sono le fotografie.

Foto erotiche e pornografiche, alcune di soggetto brutalmente sadomasochista. Sono tante, le fotografie. Sono settemila.

Che non fosse più un bravo ragazzo, Gianfranco Stevanin, lo si era capito. Ma questi ultimi avvenimenti gettano su di lui una luce sinistra. E, comunque, c'è anche un'altra cosa.

Qualche mese prima, durante una perquisizione in seguito all'accusa di violenza su Gabrielle, gli agenti della questura avevano trovato nella villa azzurra della famiglia Stevanin due documenti di identità. Sono intestati a due ragazze Claudia Pulejo e Biljana Pavlovic. Sono scomparse da tempo. La ragazza trovata nel fossato è una di loro?

Claudia Pulejo è una ragazza di trent'anni, che gli amici chiamano Chicca. Avrebbe voluto fare la modella e invece le cose non sono andate bene e Chicca è diventata una tossicodipendente costretta a prostituirsi per pagarsi la dose quotidiana. Quando scompare è un sabato, il 15 gennaio 1994. Di solito frequenta la zona dei giardinetti pubblici davanti alla stazione di Legnago, ma lì non c'è, è scomparsa. L'uomo con cui convive l'ha vista uscire verso le dieci e mezzo di sera, portandosi dietro un abito di ciniglia, molto elegante e molto scollato, dentro un sacchetto di plastica. Ha detto che andava a fare delle fotografie, come confermano anche alcune persone che frequentano il giro dei giardini pubblici. Andava da un uomo che le aveva promesso un milione e mezzo e quindici scatole di Roipnol per poterla fotografare nuda. E infatti un uomo è passato a prenderla, con un'auto, quella sera. Chi è quell'uomo? Gianfranco Stevanin?

La madre di Chicca va a casa di Stevanin a chiederglielo direttamente. Ma lui nega. Sì, aveva un appuntamento con Chicca, quella sera, ma lei non si è fatta vedere. Di Chicca, lui, non ne sa niente.

Biljana Pavlovic è una ragazza minuta, sul metro e cinquanta, come la ragazza trovata nel fossato. Ha venticinque anni, è serba ed è molto carina. A vederla sembra un'adolescente, anche se in Serbia ha un figlio. Lavora in una pizzeria a Rosolina Mare, e dal 18 settembre 1994 è scomparsa, come Chicca.

Chi è la ragazza trovata nel fossato? Chicca? Biljana?

Biljana no. Il cugino di Stevanin sta lavorando nel campo quando trova qualcosa di strano. È un corpo umano. Quello di Biljana.

Allora la ragazza nel fossato è Chicca?

Interrogato dalla dottoressa Omboni, Stevanin cade dalle nuvole e nega. Gli parlano dei documenti di identità e nega. Delle fotografie. Delle ragazze trovate attorno al casolare. Continua a negare. Poi, però, dice qualcosa.

Dice che guidando il trattore, e quindi stando seduto in alto sul seggiolino, un giorno si era accorto di una chiazza di terreno nel campo davanti al casolare dove, a differenza del resto, non era cresciuta l'erba.

È lì che i carabinieri vanno a scavare, aiutati dai soldati di un battaglione del genio di stanza da quelle parti. Scavano per tre giorni, sotto la pioggia, e trovano il corpo di un'altra ragazza. È sepolta in una fossa profonda quasi due metri, avvolta in strati di pellicola trasparente che la sigillano talmente che appare completamente mummificata.

Quella ragazza è Chicca, la prostituta che voleva fare la modella.

Tre corpi ritrovati in quel campo. Tre ragazze diverse.

Un serial killer.

Gianfranco Stevanin. È lui il mostro che ha ucciso tre ragazze e le ha sepolte nel campo vicino al casolare? È lui il lupo mannaro? Ma, soprattutto, chi è veramente Gianfranco Stevanin?

Stevanin nasce a Montagnana di Padova il 2 ottobre 1960. È un bambino bene in carne che a dieci mesi pesa già diciassette chili. È un bambino normale e felice in una famiglia di contadini benestanti, figlio unico. Studia, alle elementari in un collegio di suore, alle medie dai salesiani, e dai salesiani anche il primo anno delle superiori, finché non viene bocciato e passa all'Itis di Legnago. Ha tre passioni: la fotografia, la musica e le ragazze, come tanti giovani della sua età.

Poi succede qualcosa. Stevanin ha un incidente. Gli hanno regalato una moto e con quella, quando ha sedici anni, una sera che rientra a casa dalla strada sull'argine del fiume, si scontra con un'altra moto che arriva a fari spenti. Vola via dal sellino, perde il casco e va a sbattere la testa contro una base di cemento che si trova nel campo accanto. Il colpo è tremendo: trauma cranico, fratture alla fronte e alle orbite. Resta in coma per un mese, poi, dopo una serie di operazioni, si salva. L'incidente ha gravi conseguenze e, assieme a una profonda cicatrice che gli solca la testa e che lui nasconde con i capelli, gli lascia un focolaio epilettico accompagnato da varie crisi.

Ma, a parte questo, Stevanin sembra normale, sembra un ragazzo a posto, non certo un serial killer.

Interrogato, Stevanin nega e cade dalle nuvole, dice di non sapere chi ha nascosto le ragazze nel suo campo, dice di essere vittima di un complotto. Ma il sostituto procuratore Maria Grazia Omboni è un magistrato in gamba, che non molla, e sta accumulando prove contro di lui.

Stevanin non è stupido. Non insiste ottusamente nel suo atteggiamento. Parla. Ammette. Confessa. Ma non quello che gli viene imputato. Qualcos'altro.

Li descrive come sogni, ricordi confusi, immagini che gli vengono in mente e che non sa neppure lui se se siano accadute davvero oppure no.

Sta facendo l'amore con una ragazza sui ventidue, ventitré anni. Sono in casa, alla villa azzurra, sul tavolo della cucina, quando la ragazza si sente male, ha una crisi e muore. Un infarto, uno shock vagale, molto raro ma possibile, e lui si ritrova lì da solo, con quella ragazza morta.

Allora si fa prendere dal panico, la porta fuori, dietro il magazzino, e la fa a pezzi. Dieci pezzi, precisa Stevanin, e racconta anche come. Dieci pezzi che seppellisce in giro. Uno di quelli è il tronco della ragazza trovato nel fossato.

Anche Biljana. Confusamente, come in un sogno. La incontra un pomeriggio mente lei fa l'autostop sulla strada che da Adria porta a Rosolina. Le dà un passaggio e così la conosce. Si frequentano per qualche giorno, fanno l'amore e lui scopre che hanno in comune la passione per il sesso estremo. Così vanno al cascinale, dove lui la lega con i polsi dietro la schiena, e durante un rapporto le infila un sacchetto di plastica sulla testa, per aumentare il piacere, ma Biljana soffoca e muore. A quel punto deve farne sparire il corpo, nascondere le tracce della sua presenza, così brucia i vestiti e lo zainetto che lei aveva con sé, anche se tiene i documenti personali, per ricordo. Lei, Biljana, la seppellisce vicino al pagliaio.

Chicca. Sono al cascinale, dove lui l'ha fotografata. Lei si sta iniettando una dose di eroina e lui è molto stanco, così si addormenta. Quando si risveglia lei è morta. Allora l'avvolge nella pellicola trasparente, scava una buca con il trattore e la seppellisce in profondità.

Tre ragazze morte, tre incidenti.

Il magistrato non ci crede, ovviamente. Non ci crede nessuno. Ma Stevanin è furbo. Quando si trova in difficoltà dice che non ricorda bene. Quando sa che sta per essere incastrato gioca addirittura d'anticipo.

Un giorno dice di aver sentito una notizia. Nelle acque dell'Adige, incastrato a poppa di un barcone, è stato trovato il corpo nudo di una ragazza. Da lì a Terrazzo sono diciassette chilometri, ma Stevanin si chiede se non sia quella la ragazza che ha gettato nel fiume. Quale ragazza? Ce n'è un'altra?

Blazenka Smollo, ventiquattro anni, di origine croata. È una ragazza alta e bionda e fa la prostituta perché vuole portare in Italia il figlio di tre anni, che vive con la nonna. Blazenka è ferma davanti a una fabbrica sulla statale per Peschiera del Garda, quando incontra Stevanin. Assieme vanno in un pub, a bere qualcosa, e tra loro sembra instaurarsi un rapporto diverso da quello che lega cliente e prostituta. Si rivedono altre volte, passeggiano insieme, vanno in riva al lago.

Blazenka si fida di Stevanin. Gli confida che vorrebbe cambiare vita, uscire dal giro, e quando vede il cascinale chiede a Stevanin se può ospitarla per un po'. Certo, dice Stevanin, a patto che non ti fai vedere da nessuno. Perché quella richiesta? Blazenka non se lo chiede. È contenta di aver trovato un amico, e quello che crede sia un posto sicuro. Un posto sicuro.

Come in un sogno, lui si ricorda che stanno facendo l'amore e che lui le sta stringendo un braccio attorno al collo. Forse stringe troppo, perché quando la lascia Blazenka è morta. Allora la avvolge dentro un pezzo di nylon, la lega con uno spago, la porta sino al fiume e ve la getta dentro.

Non sono più tre, sono quattro. No, sono cinque. C'è una giovane prostituta austriaca che si chiama Roswita, che scompare l'8 maggio 1993, dopo che è salita in auto con un giovane elegante e dai modi gentili. Stevanin ammette di averla conosciuta. L'ha notata mentre batteva sul ciglio della strada e l'ha portata in campagna, sulla riva del fiume, per fare delle foto. Hanno anche fatto l'amore, ma ai successivi appuntamenti lei non si è più presentata, dice Stevanin, e lui non l'ha più rivista.

Ma è tutto qui? Forse no.

Ci sono quelle fotografie.

I carabinieri esaminano le fotografie e riescono a identificare almeno cento ragazze. Di queste ce n'è una sottoposta a una specie di tortura. In alcune sta sanguinando e in altre il sangue sembra non scorrere più. Significa che è morta.

Almeno cento ragazze identificate, di cui una sicuramente morta. Dove sono? Sepolte nel campo attorno al cascinale? Per un po' gli scavi continuano, poi, visto che non si trova nulla, vengono interrotti.

Il processo a Gianfranco Stevanin inizia il 6 ottobre 1997, alla Corte d'assise di Verona. Il pubblico ministero Omboni lo accusa di aver ucciso Chicca, Biljana, Blazenka, Roswita e la ragazza della fotografia, di averlo fatto con premeditazione e crudeltà, per motivi abietti, approfittando di un loro stato di inferiorità, e di averne occultato, mutilato o depezzato i corpi.

C'è anche un precedente che lo riguarda, e che fa pensare che forse Stevanin poteva essere fermato prima.

Il 4 luglio 1989 un uomo aveva sequestrato e ferito un'altra ragazza, Maria Luisa Mezzari, anche lei una prostituta. Non voleva fare quello che lui le chiedeva e allora lui l'aveva minacciata con una pistola, era partito un colpo e lei era rimasta ferita a una mano. Maria Luisa aveva detto all'uomo di essere sieropositiva, lui si era spaventato e l'aveva lasciata andare. Tutto questo era avvenuto in un casolare dalle parti di Terrazzo, un casolare con le finestre azzurre. Maria Luisa lo aveva raccontato ai carabinieri, ma in quel momento nessuno aveva pensato a Stevanin.

La battaglia legale sul caso di Gianfranco Stevanin è essenzialmente una battaglia di perizie. Il mistero, infatti, non è chi abbia provocato la morte delle sei ragazze: è stato Stevanin. Il mistero riguarda se l'abbia fatto intenzionalmente e consapevolmente oppure no. Il mistero, qui, è proprio Stevanin. Chi è, cos'è, Gianfranco Stevanin.

È un mistero che si può vedere anche concretamente, fisicamente. Nel corso di questa storia Stevanin cambia volto tre volte.

Il primo è quello del ragazzo gentile e a posto che conoscono a Terrazzo, compìto, elegante, forse un po' strano, un po' fissato con quelle sue vanterie di conquiste femminili, ma tutto sommato innocuo. Il secondo è quello del detenuto sconvolto dalle accuse, trasandato, con i capelli lunghi e la barba incolta, da eremita. Il terzo è quello dell'imputato Stevanin Gianfranco, che ascolta impassibile i particolari più truci degli omicidi, ripete come si taglia in dieci pezzi il corpo di una ragazza e mostra la cicatrice di quasi dieci centimetri che gli solca il cranio rasato a zero.

Per i legali della difesa, infatti, Stevanin non è in grado di intendere e di volere proprio a causa di quell'incidente. Stevanin è intelligente, molto intelligente, ma quella botta alla testa gli ha provocato una lesione al cervello che lo rende incapace di distinguere il bene dal male.

Per l'accusa Stevanin è un serial killer, un assassino lucido, consapevole e crudele, un mostro che gioca con le proprie vittime come il gatto con il topo e che trae piacere dal terrore che riesce a suscitare. Lucido e intelligentissimo anche in carcere. Le sue amnesie «a scacchiera» sono soltanto strumentali, le confessioni dei suoi «sogni» raccontano solo quello che gli investigatori avrebbero scoperto comunque. Certo, il suo comportamento non è normale, ma non deriva da nessun incidente. È un bambino, un bambino mai cresciuto, il cui sviluppo psicologico è stato minato da una famiglia e da una madre iperprotettive, ma è un bambino che sa bene quello che fa e le sue conseguenze.

La sentenza arriva il 28 gennaio 1998, dopo diciannove udienze, centoquattordici giorni di dibattimento in aula e sette ore di camera di consiglio. E dà ragione all'accusa. Stevanin viene condannato all'ergastolo e a tre anni di isolamento diurno.

È una sentenza che stupisce Stevanin, che lo lascia esterrefatto e che gli fa dire una frase emblematica, agghiacciante nella sua assurdità.

«Scusate un momento, per favore» dice quando sente la sentenza. «Forse non mi avete capito.»

Poi c'è un colpo di scena, che riapre tutte le discussioni. Il processo di secondo grado che si tiene alla Corte d'assise d'appello di Venezia ribalta la sentenza. La giuria popolare ritiene Stevanin incapace di intendere e di volere. Quell'incidente con la moto ha menomato le sue capacità mentali intaccando alla zona limbica, quella che presiede all'aggressività. Gli esami neurologici hanno rilevato una specie di buco nero nel suo cervello, una voragine che assorbe razionalità ed emozioni. «Sindrome bilaterale dei lobi frontali», si chiama, e provoca su Stevanin un curioso effetto: non è in grado di intendere e di volere quando uccide, ma subito dopo, quando la tempesta è passata, diventa lucidissimo e mette in pratica con estrema razionalità tutto quello che può per nascondere quello che ha fatto prima. Per questo la corte lo assolve per gli omicidi ma lo condanna per l'occultamento e il depezzamento dei corpi. Non è più l'ergastolo ma dieci anni e sei mesi di ospedale psichiatrico giudiziario. È una sentenza che fa discutere e che allarma molti, che si chiedono se sia possibile che Stevanin, prima o poi, possa tornare in libertà.

Il procuratore generale di Venezia Augusto Nepi non ci sta e impugna la sentenza per «approccio metodologico non corretto». Nel maggio del 2000 la prima sezione della Corte di cassazione di Roma annulla la sentenza e rinvia a una nuova sezione di appello il riesame del caso.

La nuova sentenza di secondo grado emessa il 23 marzo 2001 ribalta il precedente verdetto condannando il serial killer all'ergastolo. Per la Corte Stevanin era in grado di intendere e volere al momento in cui ha compiuto i cinque efferati assassini, mentre mutilava e poi seppelliva le sue vittime non solo sapeva quello che faceva, ma era anche in grado di riconoscere i rischi delle esperienze di «sesso estremo» nelle quali volontariamente si lanciava. Mosso, secondo i giudici, da una «degenerazione dell'istinto sessuale» – tecnicamente definita «parafilia sadica» – si lasciava andare al piacere che provava infliggendo dolore alle donne.

«Pur affetto da alcune, non grandi, alterazioni in alcuni suoi processi superiori» si legge nelle motivazioni della sentenza «era pienamente in grado di astenersi dai suggerimenti che gli provenivano dalla sua parafilia con riferimento ad azioni di alta oppure radicale trasgressività sociale (le violenze sessuali e gli omicidi).» E ancora: «Né il trauma cranico, né l'epilessia, né la relazione con la madre, in sé e per sé considerati e complessivamente pesati, assumono ruoli causali, né comportano forza sufficiente per incidere e scalfire grandemente la capacità di mente di Stevanin». In più, le aggravanti. Il serial killer ha sempre cercato le sue vittime tra persone indifese, come prostitute straniere o tossicodipendenti. Il movente dei suoi delitti risiede «esclusivamente nel soddisfacimento della propria libido» e l'occultazione dei brandelli dei cadaveri è avvenuta ogni volta con azioni lucide e avvedute. «Mai rilevatore di un barlume di pentimento», hanno aggiunto i giudici riferendosi al comportamento di Stevanin durante i quattro processi «ma attento ad adeguarsi di volta in volta a ogni nuova emergenza probatoria.»

Gianfranco Stevanin, di Terrazzo, in provincia di Verona. Serial killer.

Il tempo della morte

Quando ci si trova davanti a un caso di omicidio e non si ha il conforto di una testimonianza diretta, allora definire l'epoca della morte rappresenta uno dei passi decisivi nel percorso investigativo, un elemento che può permettere di inchiodare un colpevole, di distruggere un alibi, di eliminare un sospetto.

Oppure, sbagliando, di perdere per sempre la possibilità di risolvere un delitto, un omicidio terribile.

Jonbenet Patricia Ramsey è nata il 6 agosto 1990 ad Atlanta, figlia di Patricia Paugh e John Bennett Ramsey e ha appena un anno quando si trasferisce con i genitori a Boulder, nel Colorado; lì inizia a frequentare la scuola, la High Peaks Elementary School.

Ha sei anni quando viene assassinata nella sua casa, il 26 dicembre 1996; sono le cinque e cinquantadue del mattino, e la madre di Jonbenet, Patsy, chiede soccorso al 911: è sconvolta, riesce con fatica a dire che la piccola è scomparsa, e che ha trovato un foglio, una richiesta di riscatto.

Jonbenet non è una bambina qualunque, la conoscono in molti, anzi moltissimi; le sue foto compaiono sulle riviste di moda specializzate, truccata e vestita come una donna in miniatura fa strage di premi ai concorsi di bellezza.

Ma la delicatezza del caso e la notorietà della vittima non giustificano la quantità di errori che vengono commessi sulla scena, errori che compromettono per sempre la soluzione del delitto.

Gli investigatori che arrivano presto nell'abitazione dei Ramsey si accorgono che nessuno ha bloccato l'accesso agli estranei, e parenti e amici della coppia gironzolano per le stanze nel maldestro tentativo di dare poco conforto e tanti inutili suggerimenti.

Le ore passano nella più totale confusione, e solo verso l'una del pomeriggio qualcuno decide di perquisire l'abitazione. John Ramsey, naturalmente senza alcuna preparazione, accompagna i detective per tutta la proprietà, toccando ogni cosa, spostando oggetti e mobili, lasciando nuove impronte e certamente alterando o distruggendo altre prove.

Alle tredici e venti è lui a trovare il corpo senza vita della bambina nello scantinato, distesa sulla schiena, con le braccia legate sopra la testa e un pezzo di nastro isolante sulla bocca. Jonbenet è vestita e avvolta in una coperta bianca, e vicino a lei c'è la sua camicia da notte preferita.

E qui la situazione si complica, perché nessuno riesce a

fermare John, che strappa il nastro dalla bocca della figlia, la prende in braccio e la porta a letto rimboccandole le coperte; in questo modo certamente si perdono molte tracce, e viene anche bloccato il processo di raffreddamento, quello che i medici legali chiamano «frigor»: una fase già iniziata e che, valutata con attenzione, poteva dire qualcosa sul momento della morte. Era già cominciato anche il rigor mortis, ma il coroner non c'è a rilevarlo, perché si è preso una giornata di vacanza, e quando arriva sono ormai passate altre sei ore.

Ma probabilmente è seccato per la brusca interruzione del suo momento di svago, se è vero che si dimentica di prendere anche la temperatura del cadavere, e in dieci minuti di esame frettoloso dichiara la morte della bambina, dispone che il corpo sia chiuso in un sacco e portato all'obitorio, dove viene sistemato in una cella frigorifera. Solo la mattina dopo il coroner procede all'autopsia, e nello stomaco di Jonbenet trova un piccolo pezzetto d'ananas, che nessuno ricorda avesse mangiato.

Come e quando lo avesse consumato rimane un mistero, come l'ora della morte: il coroner non riesce infatti a stabilirla.

È un caso che fa scalpore negli Stati Uniti, e non pochi sollevano il sospetto che i genitori della piccola siano i veri responsabili dell'omicidio. Ad alimentare i dubbi è rimasta la data della morte che hanno voluto incidere sulla tomba: il 25 dicembre, non il 26. Come se sapessero già qualcosa prima di scoprire il cadavere di Jonbenet.

Anche John Douglas, il più famoso profiler dell'Fbi, è stato interpellato su questo particolare, ma ha preferito mantenere un atteggiamento defilato, dichiarando: «Onestamente io credo che la scelta di questa data è stato solo un tentativo di ricordare alla gente che esiste il male, tra innocenza e felicità».

Stabilire il Pmi, il Post Mortem Interval, vale a dire il periodo intercorso tra la morte e il ritrovamento di un cadavere, è in realtà uno dei compiti più difficili per il medico legale, e maggiore è l'intervallo di tempo meno sicura sarà la risposta.

Nel caso di un cadavere ben conservato si utilizzano le classiche nozioni di tanatologia, la scienza che studia i fenomeni degenerativi e morfologici che accompagnano e seguono la morte: il frigor, innanzitutto, che è il raffreddamento progressivo del corpo rispetto alla temperatura ambientale; e poi il livor, vale a dire la presenza di ipostasi o macchie ipostatiche, e quindi il rigor, la contrazione dei muscoli scheletrici dovuta alle modificazioni chimiche successive alla morte.

L'irrigidimento dei muscoli, conosciuto appunto come rigor mortis, inizia da una a tre ore dopo il decesso, ma può essere accelerato da un'elevata temperatura ambientale o da un precedente stato febbrile della vittima, oppure ritardato da altre variabili. Il rigor si diffonde lentamente e di solito ci vogliono almeno dodici ore prima che si estenda a tutto il corpo, per poi risolversi, a temperatura ambiente, in un periodo che va dalle ventiquattro alle trentasei ore.

Il livor mortis interviene quando il sangue, per gravità, si concentra nelle zone declivi del corpo e produce una tipica discolorazione rosso-violacea, con l'eccezione delle aree di appoggio che per la pressione rimangono bianche.

Nelle prime ore il fenomeno non è ancora irreversibile e, se si modifica la posizione del cadavere, si spostano anche le ipostasi; inizia poi a «fissarsi» dopo circa sei ore e, trascorse dodici ore, se il cadavere viene girato il livor rimane stabile nella posizione iniziale. Se il livor si trova in una zona non declive rispetto alla posizione del cadavere bisogna considerare l'ipotesi che il corpo sia stato spostato dopo la morte.

Un ultimo elemento da considerare è il frigor. Il corpo si

raffredda e la sua temperatura tende a portarsi in equilibrio con la temperatura dell'ambiente perdendo calore con una velocità di circa un grado all'ora; questo nella fase immediatamente successiva alla morte, e sempre tenendo conto delle variabili, come l'esercizio fisico o la febbre prima del decesso.

La temperatura va rilevata con termometri sia a livello anale che ambientale, e i rilievi vanno ripetuti dopo qualche ora. Ci sono poi dei regoli per il calcolo, detti nomogrammi, che permettono di definire un intervallo minimo e massimo dal decesso in base al peso della vittima, alla temperatura ambientale e rettale e agli indumenti indossati.

Va però detto che, anche nel migliore dei casi, esiste sempre un margine di errore, un'escursione di almeno tre ore; e a mano a mano che il Post Mortem Interval aumenta gli indicatori diventano sempre meno precisi.

Quando poi il cadavere viene ritrovato in avanzato stato di decomposizione, stabilire il Pmi è ancora più difficile, anche perché le fasi di decomposizione sono estremamente variabili e dipendono da molti fattori, alcuni dei quali ancora poco conosciuti.

I processi di trasformazione iniziano già dopo qualche giorno dalla morte con la fase colorativa, dove la pelle assume una tinta verdastra, a iniziare dall'addome e dagli orifizi del corpo. Si passa poi alla fase enfisematosa, con il cadavere che diventa gonfio, seguita da una fluidificazione e una desquamazione della cute. In questi stadi, i liquami putrefattivi, generalmente di colore rosso-brunastro, incominciano a farsi strada dalle cavità del corpo, in particolare quelle della bocca e del naso.

Il cadavere raggiunge infine uno stato di scheletrizzazione in un periodo che varia da settimane a mesi, a seconda dell'ambiente in cui si trova.

Ci sono però alcune modalità particolari di trasformazione che possono conservare a lungo un cadavere e impedire che si riduca in scheletro. La saponificazione, ad esempio, avviene di solito in acqua, e il corpo non va incontro alle fasi colorativa ed enfisematosa, ma subisce delle modificazioni, in particolare della cute e del sottocute, che assumono un aspetto simile al «sapone», e con un'apparenza biancastra e cretacea che si può conservare per mesi. La saponificazione, oltre che in acqua, si verifica per parti del corpo ricoperte da plastica o da materiali simili che trattengono l'umidità.

La mummificazione avviene invece in ambienti secchi e ventilati. Il cadavere si disidrata, la proliferazione batterica è minima, e così i tessuti si possono conservare. Perfino in una comune abitazione un corpo può mummificarsi in pochi mesi e restare così per anni, addirittura decenni.

Non se lo aspettavano proprio gli operai chiamati il 12 settembre 2000 a ristrutturare un vecchio magazzino vicino alla stazione di Mestre, uno spazio da sempre adibito a deposito per caldaie.

Alcuni colpi di piccone ed ecco crollare la struttura del camino, e con i mattoni cade a terra il cadavere di un uomo che era andato a infilarsi proprio lì, in piedi.

Ha addosso solo un paio di jeans, e il suo corpo è completamente mummificato. Nessun documento d'identità, ma solo un orologio, un mazzo di chiavi, una catenina e alcune banconote che aumentano il mistero, perché quell'uomo, a un primo esame, sembra essere morto proprio in quel camino almeno quindici, se non vent'anni prima.

Arrivano gli esperti della scientifica, e con tecniche particolari riescono a prendergli le impronte digitali, e poi a trovare una corrispondenza con un vecchio cartellino segnaletico.

Giovan Maria Fornoni era nato ad Ardesio, in provincia di Bergamo, il 26 ottobre 1945, e aveva avuto qualche guaio con la giustizia per piccoli reati: ecco perché era schedato. Nessuno dei suoi familiari ne aveva mai segnalato la scomparsa, e perché sia finito a morire in un camino, in un giorno di settembre del 1979, probabilmente non lo sapremo mai.

Ma non sono solo la morte e i suoi processi di trasformazione a complicare il lavoro del medico legale che deve stabilire l'epoca di un decesso. Nei cambiamenti giocano un ruolo importante anche i fattori esterni, come l'intervento degli insetti, delle piante e degli animali, o ancora le conseguenze di una lunga permanenza in acqua. Ecco quindi l'importanza di discipline come l'entomologia, la zoologia e la botanica: una larva, ad esempio, non è solo un agente di distruzione, ma può essere anche una fonte preziosa di informazioni.

La storia dell'entomologia forense parte da lontano, e già nel 1688 Francesco Redi studia i cambiamenti cui vanno incontro pezzi di carne in putrefazione e coglie la differenza tra quelli esposti e quelli protetti dall'azione degli insetti. Nota come vi siano passaggi successivi, dalla deposizione di uova allo sviluppo di larve e quindi di forme di vita adulte, e può così confutare l'ipotesi in auge all'epoca della «generazione spontanea» della vita, secondo la quale, in particolari condizioni, gli insetti nascono direttamente dalla decomposizione.

Un paio di secoli più tardi, nel 1855, Julez Bergeret utilizza per primo l'entomologia in un'indagine per omicidio. L'occasione gliela offre il ritrovamento del cadavere di un bimbo nei dintorni di Parigi; il corpo si trova in un'abitazione, nascosto da un manto di intonaco. Dalle caratteristiche degli insetti e dalla loro presenza in combinazione, Bergeret comprende che la morte non è avvenuta di recente, e fornisce indicazioni chiare alla polizia: che lascino stare gli occupanti attuali della casa, e si concentrino sui precedenti inquilini. Per arrivare alle sue conclusioni, lo scienziato francese si è basato su considerazioni tecniche assolutamente attuali, ad esempio la conoscenza di come un cadavere sia colonizzato in successione da parte di una sequenza nota di insetti.

Ed è sempre la scuola francese a compiere i maggiori progressi nel campo dell'entomologia: tra il 1883 e il 1898 Jean-Pierre Megnin pubblica articoli importanti, e poi *La Faune des Cadavres*, il primo testo moderno di entomologia forense.

Oggi ci sono laboratori di entomologia forense presso i maggiori istituti universitari e di polizia del mondo, e ogni anno il loro supporto scientifico in casi di investigazione criminale è sempre più richiesto. Casi come quello affrontato da Wayne Lord, agente speciale dell'Fbi, uno di quei personaggi ormai diventati un mito nel mondo dell'investigazione.

È una fredda mattina di novembre quando un automobilista di passaggio nota il cadavere parzialmente vestito di una donna. Siamo in un'area boschiva dei sobborghi di Washington, e il corpo è a terra a una quindicina di metri da una strada di grande percorrenza.

La vittima è una giovane donna di colore, del peso approssimativo di cinquantadue chilogrammi. Il corpo è freddo, il rigor mortis assente, e si notano solo minimi fenomeni di trasformazione. Il cadavere presenta numerose ferite da arma da taglio al petto e al collo, che hanno causato il decesso per emorragia.

Durante l'autopsia parecchie larve di mosca di grandi dimensioni si allontanano dal corpo, in un comportamento che è caratteristico dello stadio di pieno sviluppo, e un altro buon numero viene rimosso dalle ferite al collo e dai vestiti.

Quando si riesce a identificarla, si scopre che la vittima è una giovane madre di ventun anni, che viveva con il figlio e i genitori, i quali avevano segnalato la sua scomparsa diciotto giorni prima. Era stata vista l'ultima volta nelle prime ore del mattino di mercoledì 26 ottobre, nell'appartamento del principale sospettato, un uomo appena rilasciato dal carcere, con una storia di crimini violenti e aggressioni sessuali.

Alcuni testimoni interrogati dagli investigatori ricordano un uomo e una donna lottare, e grida femminili nelle vicinanze dell'appartamento, proprio nelle prime ore del mattino e proprio diciotto giorni prima del ritrovamento. Sulle lenzuola nella camera da letto del sospettato la scientifica trova alcuni capelli e peli pubici che appartengono alla vittima, e una delle sue scarpe è finita in un'area verde, piccola e nascosta, a poca distanza dall'abitazione.

Si passa allora al setaccio l'auto dell'uomo e si trovano tracce di sangue e capelli: anche questi sono della vittima, così come alcune fibre trovate sui vestiti della donna appartengono ai tappetini della vettura. Non ci sono più dubbi sul fatto che il suo corpo sia stato trasportato con quel mezzo.

Le prove raccolte sono importanti e puntano decisamente sul sospettato. Ma non basta, bisogna stabilire l'epoca della morte per poter poi ricostruire la successione degli eventi che hanno portato alla fine della giovane donna.

I medici legali, basandosi essenzialmente sull'aspetto del cadavere e sui fenomeni di trasformazione che hanno coinvolto i diversi organi interni, forniscono la stima del Pmi; ma il giudizio non è univoco, e c'è chi parla di due giorni, chi invece sostiene ne siano trascorsi almeno otto.

Tocca allora all'entomologia. Si esaminano le larve osservate all'interno e intorno al cadavere durante l'autopsia, ma nessun esemplare si è mantenuto in vita, quindi non si possono allevare in laboratorio. E neanche i campioni di terreno raccolti vicino al corpo producono altre larve.

Si passa perciò a valutare la documentazione fotografica del luogo di ritrovamento della vittima, del suo corpo, della vegetazione circostante. Vengono riesaminati i rapporti che descrivono le condizioni del cadavere al momento della scoperta e quelli che riportano le procedure e i risultati dell'autopsia.

Ma servono altri dati, e li fornisce il National Weather Service, il centro meteorologico nazionale, che ha un osservatorio proprio a poche centinaia di metri: ora il laboratorio di entomologia conosce le temperature minime e massime dei giorni precedenti, la nuvolosità, la pioggia, la velocità e la direzione del vento, l'umidità.

Le più grosse larve di mosca presenti nel corpo sono larve di Calliphora al terzo stadio pienamente alimentate, e un esemplare mostra i segni morfologici della trasformazione della larva in pupa. Con queste ultime annotazioni, incrociate ai dati meteorologici, viene calcolato il numero di giorni necessario perché una Calliphora si sviluppi dall'uovo allo stadio di pre-pupa. Stabilito che la temperatura media giornaliera alla quale le mosche in fase di sviluppo erano state esposte si era mantenuta piuttosto bassa, intorno cioè ai 10 gradi, e in relazione al fatto che nel cadavere erano presenti troppo poche larve per innalzare la temperatura del microambiente, è possibile stimare il Post Mortem Interval in circa quindici giorni.

Il sospetto viene arrestato con l'accusa di sequestro di persona, violenza sessuale e omicidio di primo grado. L'uomo si decide allora a confessare e racconta di aver ucciso la giovane proprio nelle prime ore di quel mattino, diciotto giorni prima della scoperta del corpo; ma in un primo tempo lo aveva nascosto sotto alcuni rami, un vecchio materasso e altri rottami in un'area boschiva poco lontano. Solo tre giorni dopo aveva trasportato il corpo nel luogo in cui poi era stato trovato. I materiali utilizzati per nascondere il cadavere avevano ostacolato la deposizione delle uova da parte delle femmine adulte di Calliphora durante i primi giorni successivi alla morte. La stima del Pmi in quindici giorni era quindi perfettamente valida.

Ma l'attenzione degli investigatori della scena del crimine non è rivolta solo ai piccoli insetti, perché è possibile che sul cadavere intervengano animali di stazza più importante. Occorrono conoscenze di zoologia forense per capire se i segni ritrovati su un cadavere siano da attribuire a un animale domestico, oppure a topi o altri roditori. E nel caso di una scena del crimine all'aperto, grosse lesioni possono essere dovute all'azione di animali selvatici, spesso carnivori. Considerando questa possibilità, anche una mutilazione grossolana può trovare la sua spiegazione, senza saltare a conclusioni fantasiose, magari pensando all'opera di un assassino portato alla necrofilia e al cannibalismo.

E quando al medico legale si presentano solo resti scheletrizzati, anche qui le conoscenze di zoologia gli permettono di differenziare le tracce lasciate da un'arma da quelle dovute appunto all'attività animale, di distinguere tra i segni di un coltello e quelli di una dentatura altrettanto affilata.

Un'altra disciplina scientifica, relativamente giovane, si rivela utile soprattutto nei casi di omicidio accompagnati da occultamento del cadavere in zone nascoste, dove la vegetazione da un lato contribuisce a celare, dall'altro può rivelare informazioni preziose. Si tratta della botanica forense; infatti frammenti di rami, radici, foglie e semi ritrovati accanto alla vittima di un delitto permettono all'esperto di indicare il mese o la stagione in cui il crimine è avvenuto. E dall'esame delle radici che avvolgono i resti scheletrizzati in una sepoltura, decifrandone gli anelli di accrescimento, è possibile stabilire persino l'epoca di un seppellimento avvenuto anni prima.

Ma non basta l'azione degli insetti, delle piante, degli animali a complicare talvolta il lavoro degli scienziati forensi e degli investigatori. Come in questo caso, descritto in un documento ufficiale del Tribunal de Grande Instance di Tolone. Isabelle Delande, giudice istruttore, trasmette ai colleghi italiani gli atti relativi al ritrovamento di un cadavere in acqua. Un'inchiesta a carico di ignoti.

Il 22 gennaio 2001, alcuni testimoni che passeggiavano sul litorale del Cap Bénat, comune di Bormes Les Mimosas (Var), scoprivano a un livello inferiore rispetto a una scarpata rocciosa, poggiato all'asciutto sul ventre, in una caletta della punta chiamata «del Pinet», in mezzo ad alberi e rifiuti galleggianti drenati dalle correnti e ivi depositati da un mare più alto, il cadavere di una donna nudo e depilato dalla sua permanenza in acqua.

Il cadavere putrefatto presentava, oltre ad alcuni morsi attribuibili all'azione di animali predatori marini, notevoli fratture ossee con vaste dilacerazioni delle carni, a livello dello scheletro facciale e delle due caviglie.

L'autopsia metteva in evidenza un politrauma muscolare, osseo, viscerale, consistente nella polverizzazione della scatola cranica, nella frattura degli arti, nella lussazione cervicale, in fratture costali, nella polverizzazione splenica, compatibile con un decesso rapido o immediato per precipitazione su un piano duro.

Accanto ai segni della macerazione prolungata in acqua, il corpo non presentava tracce di ingestione di acqua di mare, né segni macroscopici di annegamento, il che convinceva che la morte, chiaramente violenta, della donna avesse preceduto l'immersione del suo corpo.

Per questo motivo è stata richiesta l'apertura contro ignoti di un'inchiesta giudiziaria per il capo di omicidio volontario presso l'ufficio del giudice istruttore di Tolone, che investiva per rogatoria i servizi di gendarmeria competenti territorialmente e che erano stati incaricati a questo titolo dell'inchiesta iniziale.

La difficoltà a identificare la vittima in assenza di elementi materiali e malgrado una meticolosa inchiesta di vicinato portava gli investigatori a lanciare sulla stampa locale, il 30 gennaio 2001, un appello ai testimoni che si sarebbe rivelato fruttuoso. Infatti, quello stesso giorno ricevevano una telefonata da parte della signora B. residente a Fréjus, la quale, avendo seguito assiduamente i notiziari diramati da un canale televisivo italiano al quale era abbonata, suggeriva loro di accostare la scomparsa, commentata con dovizia di particolari nei media italiani, della contessa Francesca Vacca Graffagni, vedova dal 1980 del conte Agusta, titolare dell'omonima ditta che costruisce elicotteri in Italia.

Francesca Agusta, nata il 29 ottobre 1942 a Genova, Italia, l'8 gennaio 2001 si trovava effettivamente a Portofino, nel golfo di Genova, nella sua villa a strapiombo sul mare denominata Altachiara, quando il suo amante, Tirso Rosario Chazaro, cittadino messicano, una dama di compagnia, Susanna Torretta, e una dipendente della casa appartenente alla servitù avrebbero constatato verso le 18.30 la sua scomparsa mentre, vestita semplicemente con un accappatoio e un paio di scarpe da casa del tipo pantofole in spugna, si era recata, spingendo la porta finestra dietro di lei, su una delle terrazze della villa costeggiata dal dirupo della scogliera.

A quel punto i gendarmi, attraverso il comandante della Compagnia di gendarmeria di Mentone, si mettevano in contatto con i carabinieri italiani incaricati di far luce sulle circostanze di questa scomparsa, mentre il magistrato istruttore, dal canto suo, si avvicinava al magistrato di collegamento francese a Roma, nonché al magistrato di collegamento italiano a Parigi.

Il 31 gennaio 2001, il fratello della vittima, Domenico Vacca Graffagni, accompagnato da tre carabinieri, incontrava spontaneamente gli investigatori francesi e consegnava loro delle radiografie e dei calchi dentari dell'interessata che un perito giudiziario odontoiatra, richiesto a tal fine, confrontava con lo schema dentario raccolto sul cadavere. Il perito concludeva con certezza assoluta nel senso di questa identificazione.

Inoltre Domenico Vacca Graffagni confermava che sua sorella portava abitualmente le fedi trovate sul cadavere.

Sembrava quindi che si potesse prendere in considerazione il fatto che il corpo della vittima fosse arrivato alla deriva da Portofino, in circa due settimane, in balìa della corrente liguro-provenzale.

Il corpo avrebbe quindi percorso, secondo una traiettoria parallela alla costa, una distanza di circa trecento chilometri.

Secondo i servizi di Météo France, richiesti dagli investigatori, le informazioni meteorologiche raccolte dalla stazione di Levante, la più vicina al luogo della scoperta del cadavere, per il periodo dall'8 al 22 gennaio 2001 specificavano che il mare (ondosità e corrente) e il vento avevano avuto un orientamento originario da est.

D'altronde, il Servizio idrografico e oceanografico della marina nazionale (Shom), ugualmente richiesto, indicava che la corrente ligure prende il corridoio situato tra la Corsica e il continente, proveniente dall'Italia, e questo fino al largo delle coste francesi.

Un circuito satellite della corrente effettua un'ansa dalla zona situata tra Nizza e Tolone fino al di sopra della punta nord della Corsica.

Questa corrente circola lungo le coste, senza tuttavia seguire le indentazioni della riva, almeno fino a Tolone, e in seguito, a causa della larga baia di Marsiglia, si allontana dalla terra per seguire un circuito iberico. La circolazione della corrente va direttamente da un punto sporgente della costa al punto sporgente vicino.

In sintesi, la deriva del corpo della vittima, per effetto di questa corrente dalle coste italiane di Portofino fino a quelle del fianco est del Cap Bénat in Francia, era possibile in quindici giorni, termine che separava la scomparsa di Francesca Vacca Graffagni dalla scoperta del suo cadavere. Infatti, considerata la velocità della corrente, la durata teorica di questa deriva era, al massimo della velocità, di sette giorni per un oggetto galleggiante, ma si trovava tributario, d'altronde, di diversi parametri come le condizioni meteorologiche (principalmente i venti), le influenze di controcorrenti e l'inerzia opposta da un corpo immerso tra due acque.

Secondo alcune simulazioni effettuate da Portofino, quest'ultimo fattore che rallentava la progressione del corpo gli impediva, all'inverso, di incagliarsi rapidamente dopo la messa in acqua dandogli un orientamento sud-ovest.

Senza rimettere in discussione le conclusioni dell'autopsia medicolegale, la ricerca in laboratorio di diatomee (alghe microscopiche) nei polmoni rivelava la presenza di questi organismi, il che poteva rivelare un'infiltrazione di acqua di mare nell'organismo.

La specie di diatomee rilevata in maggioranza era diversa da quella proliferante nei campioni di acqua di mare prelevati sui luoghi della scoperta del cadavere, il che corroborava la lunghezza del tragitto marittimo di quest'ultimo.

Suicidio, disgrazia o omicidio? Per la prima ipotesi propendono il magistrato inquirente, gli investigatori e gli esperti della scientifica, che però non possono esprimere certezze. Per troppo tempo il corpo è rimasto in mare, troppo gravi i danni.

Il 10 marzo 2001 sono stati celebrati i funerali di una donna sfortunata, i suoi resti sono stati cremati, le ceneri disperse in Messico, il paese che lei aveva amato più di ogni altro.

Un corpo rimasto più o meno a lungo in acqua rappresenta per gli scienziati forensi una prova molto difficile; oltre ai fenomeni di trasformazione del corpo, c'è l'azione degli animali, e in ambiente marino, ad esempio, sono soprattutto i crostacei a intervenire; poi va considerato il ruolo delle correnti, l'impatto con i fondali.

Da un punto di vista pratico si può dire che le alterazioni a cui va incontro un cadavere esposto all'aria per una settimana equivalgono agli effetti di due settimane di immersione. Altre informazioni arrivano poi dal distacco degli strati più esterni della pelle, che avviene dopo cinque o sei giorni, e dal distacco delle unghie e della pelle delle mani, in otto-dieci giorni. Sempre otto-dieci giorni occorrono perché una vegetazione di alghe inizi a proliferare sulla superficie del corpo e per vederlo emergere e galleggiare in acque calde, mentre se si tratta di acque fredde questo accade solo dopo due o tre settimane.

Cadaveri senza nome

La maggior parte delle vittime di un omicidio sono state uccise da qualcuno che conoscevano, ed è per questo che è importante dare un nome a un cadavere. Anche nel caso in cui non ci sia stato un precedente rapporto con l'aggressore, dall'identità della vittima è possibile risalire ai suoi spostamenti, ricostruirne le ultime ore di vita, conoscere la sua famiglia, i vicini di casa, gli amici e i colleghi di lavoro; e poi scoprire il luogo dove abitava e se avesse avuto o no un coinvolgimento in attività criminali, gli spazi di socializzazione e gli ambienti frequentati. E ancora il suo carattere, le abitudini e i costumi, la presenza di nemici o individui ostili, magari qualcuno che nutrisse rancore o odio, come un rivale in affari, un coniuge tradito o un amante deluso.

In sintesi, le indagini si presentano estremamente difficili quando non si conosce l'identità della vittima, e questa può essere scoperta solo confrontando tutti gli elementi ante mortem con i rilievi post mortem. Bisogna raccogliere ogni informazione possibile dai dati circostanziali, come gli indumenti e gli effetti personali; dall'esame esterno della salma con i tratti fisionomici, la presenza di tatuaggi e cicatrici, le impronte digitali; dall'autopsia, con i risultanti dati clinici, gli esami di laboratorio e le impronte dentarie.

La sola identificazione visiva non basta, anche nel caso di un cadavere ben conservato, perché c'è sempre la possibilità che il familiare chiamato per il riconoscimento sia comprensibilmente sconvolto e perciò poco attendibile. Quando poi il medico legale si trova davanti a resti umani gravemente alterati da fenomeni putrefattivi, dal fuoco o da un tentativo di smembramento, il riconoscimento visivo e attraverso effetti personali non è possibile, e allora le indagini sono fondamentalmente di quattro tipi: genetiche, dattiloscopiche, antropologiche e odontologiche.

Le indagini genetiche – il Dna – e dattiloscopiche – le impronte digitali – sono le più conosciute dalle forze di polizia e dai magistrati, ma anche dagli appassionati di gialli, cronaca nera e serie televisive alla *Csi*.

Nel primo caso l'assetto genetico del cadavere viene confrontato con quello dei familiari, oppure si possono recuperare pettini e spazzolini da denti utilizzati dal soggetto in vita, e raccogliere capelli e tracce di saliva e sangue.

L'indagine genetica è molto efficace, ma non sempre è possibile ottenere un profilo del Dna, e nemmeno rintracciare i parenti della vittima per un confronto, come nel caso del cadavere di un soggetto extracomunitario.

Anche la raccolta delle impronte digitali può presentare dei problemi, anzitutto per le condizioni del corpo e dei polpastrelli delle dita; inoltre occorre che il soggetto sia stato in precedenza «schedato» e i suoi dati inseriti in quell'archivio computerizzato noto come Afis, Automatic Fingerprint Identification System, un database sviluppato negli Stati Uniti e ormai diffuso in tutto il mondo.

Ma gli scienziati forensi, a questo punto, non hanno ancora esaurito il loro arsenale, e possono contare sulle armi fornite da due discipline, l'antropologia e l'odontologia forense. L'antropologo forense è in sintesi l'esperto che «fa il medico legale» sugli scheletri o su resti umani ridotti quasi a scheletro. Gli scenari del suo lavoro sono vastissimi e comprendono non soltanto i casi di omicidio, ma anche i cadaveri carbonizzati e le vittime di disastri di massa.

Egli inizia addirittura con la ricerca del luogo in cui un corpo può essere stato occultato, anche perlustrando campi e cercando i segni nella distribuzione della vegetazione, nella presenza di insolite depressioni del terreno. Una volta scoperta la «tomba», si recuperano i resti, come in un vero e proprio scavo archeologico, con cautela, strato per strato, con cazzuola e pennello, per scoprirli nella loro posizione originale, per non perdere nulla, nemmeno una piccola traccia come la capsula di rivestimento di un dente, o il frammento di un proiettile.

Con lo scheletro a disposizione, l'antropologo forense deve poi ricostruire il profilo biologico della vittima, quindi comprendere la dinamica e la causa della morte. Attraverso lo studio della forma e della lunghezza delle ossa stabilisce se la vittima è un uomo o una donna, quanti anni aveva alla morte, la razza e la statura. E una volta arrivati a un sospetto di identità, si può anche identificare lo scheletro attraverso un confronto della morfologia delle ossa, se ad esempio è disponibile una lastra della persona in vita.

Poi arriva il compito più difficile: scoprire la causa della morte. Se per il medico legale che ha un cadavere intero da «leggere» la risposta non è impossibile, ben più complesso è scoprire «di cosa è morto uno scheletro». I segni della causa di morte si possono rilevare solo se la «dinamica» ha lasciato tracce sullo scheletro, come nel caso di lesioni da taglio, colpi d'arma da fuoco, depezzamenti e talvolta anche annegamenti, quando all'interno delle ossa si trovano quelle piccole alghe chiamate diatomee.

Se le ossa raccontano storie che l'antropologo sa ascoltare, lo stesso accade per l'odontologia forense: i denti sono una parte del nostro corpo resistente alla decomposizione, ai danni prodotti dal tempo, al calore, e quindi di grande importanza per il processo di identificazione quando i tessuti molli, per vari motivi, sono alterati o perduti. La dentatura, poi, con tutte le possibili varianti di forma, dimensione e posizione di ciascun elemento, è un apparato tridimensionale caratteristico di ogni individuo, sul quale hanno agito fattori come l'ereditarietà, l'alimentazione, le malattie e le cure.

E tutto questo permette un'«identificazione odontologica», basata sul confronto tra le rilevazioni postmortali raccolte in una apposita scheda durante l'esame cadaverico e i dati ante mortem in possesso degli odontoiatri che hanno avuto in cura le presunte vittime. I dentisti possono mettere a disposizione una cartella clinica, ortopantomografie, radiografie e fotografie endorali, calchi, ma anche un semplice preventivo sulla necessità di cure. E nel caso in cui questo materiale non sia disponibile, alcune informazioni possono essere tratte dalle radiografie del cranio e perfino da una fotografia che ritrae il soggetto mentre sorride.

Ricostruire un volto

Il cranio plasma i tessuti che lo rivestono, ed è questo il principio su cui si basa la tecnica di ricostruzione della fisionomia di un volto a partire dalla sua struttura scheletrica.

Ma se il viso ricostruito è quello che ha maggiori probabilità di riprodurre l'originale, non potrà comunque mai essere «identico» al volto della persona in vita. Non è uno strumento di identificazione sicura, serve piuttosto a «innescare» un meccanismo di riconoscimento, dove la memoria scatti per un tratto, uno zigomo, la mascella squadrata.

Dopo una prima fase in cui si delinea un profilo partendo dalla radiografia del cranio, si passa alla ricostruzione del volto vera e propria, in tre dimensioni; si comincia incollando un certo numero di bastoncini di legno di lunghezza variabile in punti prestabiliti del cranio. I bastoncini rappresentano lo spessore medio di tessuto molle presente in quei punti nei soggetti in vita, e forniscono il limite esterno del volto. Gli spessori tissutali sono stati misurati già all'inizio del Novecento, e raccolti in tabelle differenziate per sesso, corporatura e razza.

A questo punto si devono posizionare gli occhi in resina e modellare in plastilina gli strati muscolari, dai più profondi ai più superficiali, cominciando dai grossi muscoli della masticazione, proseguendo con quelli dell'espressione facciale fino a riprodurre l'intera struttura del volto.

Le maggiori difficoltà si incontrano quando si cerca di realizzare le parti del viso come il naso, le labbra e le orecchie, che non si appoggiano direttamente sulla struttura ossea. Infine viene applicato lo strato più superficiale, la cute, tenendo conto degli spessori come limite estremo del volto. Poi il tutto è completato con l'aiuto di software, programmi che permettono la ricostruzione facciale assistita dal calcolatore, e aiutano ad aggiungere capelli, ciglia, sopracciglia e barba.

III

I modi della morte
Armi da taglio e da fuoco

Il caso di Marta Russo

Marta e Iolanda hanno poco più di vent'anni. Stanno passeggiando in un vialetto dell'università e discutono del prossimo esame da fare. La giornata è una di quelle calde e afose degli inizi di maggio, a Roma, e l'università è gremita di studenti e professori, come sempre. Sulla scala antincendio di una palazzina ci sono alcuni ragazzi che chiacchierano, altri che attraversano il vialetto, un professore sta passando con la sua automobile.

Marta e Iolanda sono amiche e compagne di studi, sono iscritte al terzo anno di Giurisprudenza all'Università della Sapienza di Roma, uno degli atenei più prestigiosi d'Italia. Il vialetto che stanno percorrendo è lì dentro, tra le facoltà di Giurisprudenza, Scienze politiche e Scienze statistiche.

È il 9 maggio 1997.

Sono le undici e quarantadue.

Marta e Iolanda parlano tra loro e camminano tranquillamente quando all'improvviso si sente un rumore ovattato, un «tonfo sordo».

Marta si accascia sull'asfalto.

Succede tutto in pochi secondi. Iolanda, che nel frattempo ha proseguito di qualche passo, si accorge con la coda dell'occhio che l'amica è caduta a terra e si gira. Come la vede sull'asfalto, scomposta, comincia a urlare: «Le hanno sparato!». Andrea, un ragazzo che le aveva appena incrociate sul vialetto, si guarda istintivamente attorno, poi prende il cellulare e chiama soccorsi. Arrivano altre persone, si cerca di capire cosa è successo, si cerca di aiutare Marta che ha perso i sensi. Si cerca di rianimarla.

Ma non c'è niente da fare, Marta è stata colpita dietro l'orecchio sinistro da un proiettile calibro 22 che si è frantumato in più parti. Ha perso i sensi ed è entrata in coma. Muore in ospedale il 13 maggio, qualche giorno dopo.

Ma chi ha sparato?

Gli investigatori si mettono subito al lavoro. È un giorno particolare il 9 maggio. Ci sono due anniversari, quello dell'uccisione di Giorgiana Masi, nel 1977, durante una manifestazione pacifista, e quello del ritrovamento del corpo di Aldo Moro, nel 1978. Quello sparo potrebbe essere l'atto di chi vuole ricordare uno di questi avvenimenti. Potrebbe essere un atto terroristico. Ma non ci sarà nessuna rivendicazione. E allora?

Gli investigatori passano al setaccio ogni possibilità. A cominciare dalla vita di Marta. Marta ha ventidue anni, vive a Roma con la madre Aureliana, il padre Donato e la sorella Tiziana. Le piace studiare legge, si è iscritta a Giurisprudenza perché vuole diventare magistrato. Per diversi anni ha praticato la scherma, suo padre è insegnante di educazione fisica ed è stato per molto tempo maestro di fioretto al Club Scherma di Roma.

Su di lei non si scopre assolutamente nulla di sospetto, nulla di strano, nulla che lasci immaginare una qualsiasi vendetta. Il suo fidanzato, Luca, al momento dell'omicidio è al lavoro. Viene esclusa anche la pista passionale.

Iolanda Ricci, l'amica, è figlia di un dirigente del ministero della Giustizia che negli anni Settanta era stato direttore del carcere di Rebibbia. Qualcuno potrebbe aver covato rabbia nei suoi confronti, Iolanda riceve telefonate anonime anche nel cuore della notte. Dopo alcune verifiche, però, la pista viene abbandonata.

Qualche giorno dopo si presenta in questura una ragazza identica a Marta Russo. La sosia sostiene che c'è stato uno scambio di persona. Avrebbe dovuto essere lei la vittima. Suo padre è un imprenditore perseguitato dai boss del racket ed è sotto la protezione della polizia. Insieme a lei ha anche testimoniato contro due boss della malavita messinese. Ma quel venerdì la ragazza non era all'università e gli inquirenti abbandonano anche la pista mafiosa.

Vengono disposte le perizie balistiche per determinare da quali finestre può essere partito il colpo. Vengono individuati due luoghi compatibili con una possibile traiettoria: l'aula VI di Filosofia del diritto, al primo piano, e il bagno per disabili di Scienze statistiche, al piano rialzato della stessa palazzina.

Nei primi giorni le indagini si concentrano sui bagni del piano rialzato. Soprattutto il bagno dei disabili perché può entrarvi chiunque. La porta non ha chiave ma, con un sistema conosciuto da tutti, si può chiudere dall'interno annodando il tubo flessibile della doccia alla maniglia. Senza sporgersi dalla finestra è possibile avere una visuale di almeno due metri di raggio.

I locali vengono chiusi per le indagini e sigillati il 9 maggio stesso. Ma non si trova nulla di utile.

Le ispezioni si estendono anche alla Pul.Tra, l'impresa di pulizie che lavora all'interno dell'università. Vengono trovate due vecchie cartucce a salve. Nell'armadietto di uno dei dipendenti viene recuperato un tubo metallico che potrebbe essere stato usato come un silenziatore rudimentale. Vengono perquisite le abitazioni dei dipendenti e viene scoperto un arsenale di armi giocattolo modificate in modo da poter sparare. Ma dagli interrogatori non risulta nulla che possa portare a quello che è successo all'università: al momento dello sparo i dipendenti presenti quel giorno erano tutti al lavoro o in pausa, oppure giocavano a carte. Le varie dichiarazioni coincidono. E il proiettile che ha colpito Marta è stato sparato da una vera arma calibro 22, non da una pistola giocattolo. Così anche questa pista viene abbandonata.

I dipendenti della Pul.Tra erano stati messi sotto intercettazione. Durante una telefonata salta fuori il nome di Rino Zingale. È il bibliotecario della facoltà di Lettere, appassionato di armi. Due dipendenti della Pul.Tra parlano di lui come di una persona sospetta. Zingale viene perquisito, e a casa sua vengono trovate sei pistole, tutte registrate, e il giorno del delitto il bibliotecario era al lavoro e non si è mai mosso di lì, così esce anche lui dal caso.

I bagni per i disabili al piano rialzato. Va bene. E l'aula che sta al primo?

Sul davanzale dell'aula VI di Filosofia del diritto viene trovato qualcosa. Piccoli frammenti di sostanza, una particella binaria, composta da bario e antimonio. Per i magistrati che si occupano delle indagini si tratta di un residuo dello sparo. L'aula VI è riservata agli assistenti dell'Istituto di Filosofia del diritto ed è frequentata da un numero ristretto di persone che lavorano tutte nell'Istituto. Secondo gli inquirenti il colpo è partito da lì.

Gli investigatori fanno analizzare i tabulati telefonici dalla Telecom e scoprono che quella mattina Maria Chiara Lipari ha fatto due telefonate ai suoi genitori proprio dal telefono dell'aula VI. Maria Chiara Lipari è l'assistente del professor Bruno Romano, il direttore dell'Istituto di Filosofia del diritto. Ed è figlia del professor Nicolò Lipari, docente di Diritto privato alla Sapienza. Interrogata dagli investigatori, all'inizio dice di non essersi accorta di particolari presenze nella stanza. Poi piano piano dichiara anche qualcos'altro.

Il 12 giugno il professor Bruno Romano viene sottoposto

agli arresti domiciliari con l'accusa di favoreggiamento. Secondo Maria Chiara Lipari il professore avrebbe invitato tutti a essere cauti con le dichiarazioni agli inquirenti. È lei a fare il suo nome. Dice che il professore cerca di creare un clima di omertà per non coinvolgere il suo Istituto nelle indagini.

Maria Chiara diventa uno dei testimoni chiave dell'accusa. Si sforza di ricordare cosa ha visto in quella stanza il 9 maggio. Viene interrogata più di una volta. Il 22 dichiara di ricordare «a livello subliminale» la presenza nell'aula VI di Gabriella Alletto, la segretaria dell'Istituto di Filosofia del diritto, e dell'usciere Francesco Liparota. Due giorni dopo, sostiene di aver visto «in un lampo» anche il volto di Salvatore Ferraro, giovane assistente di Filosofia del diritto. Il 19 giugno dichiara che nell'aula VI c'erano più di due persone, forse quattro. L'8 agosto ricorda di aver visto Ferraro proprio in quell'aula, e di aver incontrato Giovanni Scattone, un altro giovane assistente, nel corridoio.

La mattina del 14 giugno Francesco Liparota e Gabriella Alletto vengono convocati in questura. I due erano già stati interrogati in precedenza.

A Liparota vengono contestate subito alcune irregolarità nella timbratura delle presenze. È consuetudine dei dipendenti dell'Istituto che il primo ad arrivare in ufficio e l'ultimo ad andarsene timbrino i cartellini per tutti. Non è regolare, anzi, si chiama truffa ai danni dello Stato.

Gabriella Alletto, che fino ad allora ha negato di essersi trovata nell'aula VI, ammette di esserci stata. E dice anche un'altra cosa. Dice di aver visto Giovanni Scattone sparare dalla finestra con una pistola e Salvatore Ferraro mettersi le mani tra i capelli. Dichiara di aver visto Scattone mettere la pistola nella borsa di Ferraro. Insieme a loro, nella stanza, c'era anche Francesco Liparota, l'usciere.

Per i magistrati e gli investigatori che si occupano delle indagini è la svolta decisiva. Vengono emessi tre ordini di custodia cautelare. Ferraro viene arrestato nella sua abitazione, Scattone in un ristorante. Viene arrestato anche Liparota, con l'accusa di concorso in omicidio.

Quando Francesco Liparota arriva al carcere di Regina Coeli viene perquisito. In tasca ha un biglietto nel quale ha scritto di aver visto Ferraro e Scattone alla finestra, di aver sentito un suono cupo e di essersi reso conto che avevano sparato, ma che non poteva parlare perché aveva paura. Lo avevano minacciato. Perché quel biglietto? Cosa significa? Sono appunti, dice lui, che ha preso in questura per ricordarsi meglio le cose. Liparota dice di aver raccontato tutto anche a sua madre Rosangela Villella, che conferma. A Liparota vengono concessi gli arresti domiciliari.

Il giorno dopo, però, Liparota va in questura per ritrattare tutto. Sostiene di non ricordare nulla del 9 maggio e di aver parlato per paura del carcere.

Il 4 luglio la Alletto viene di nuovo ascoltata dagli investigatori e riferisce di ricordarsi di un quarto uomo, oltre a Scattone, Ferraro e Liparota, ma non sa identificarlo. Il 31 luglio le sue dichiarazioni assumono il valore di prova. La segretaria conferma tutto. Ha visto Scattone con un'arma in mano che si ritraeva dalla finestra e Ferraro mettersi le mani nei capelli come gesto di disperazione.

Ma dov'è quella pistola? Non si sa, è sparita. Non si troverà mai.

C'è un altro testimone, una donna. Si chiama Giuliana Olzai.

Giuliana Olzai è una studentessa fuoricorso di quarantaquattro anni, sorella di due banditi sardi accusati di un sequestro di persona nel 1989. Uno dei fratelli, Bernardino, muore in un violento conflitto a fuoco con la polizia. Un altro, Diego, rimane paralizzato su una sedia a rotelle. Il sequestro è fallito, bisogna liberare l'ostaggio. Giuliana viene convocata dalla polizia e legge alla radio le poche righe dell'appello. Vi prego, liberate l'ostaggio, non provocate altri lutti e altri ferimenti. L'appello non viene raccolto, ma dopo qualche settimana i Nocs fanno irruzione nel covo dove viene tenuto prigioniero l'ostaggio e lo liberano. Si tratta del passato e Giuliana non ha mai avuto a che fare né con il rapimento né con la banda, era solo, sfortunatamente, la sorella di due banditi. Alcuni giornalisti, però, danno risalto a questa particolare situazione quando, il 9 luglio 1997, si reca in questura perché in televisione ha riconosciuto Scattone e Ferraro. Sono i due giovani che ha notato uscire di corsa dalla facoltà di Statistica subito dopo lo sparo il giorno del delitto. I due, racconta, «erano visibilmente agitati». Giuliana non ha avuto tempo di fare questa dichiarazione prima perché il padre è stato ricoverato per un malore e lei ha dovuto assisterlo all'ospedale per diversi giorni. L'amica di Marta Russo, Iolanda Ricci, la riconosce in aula. Ricorda di averla vista pochi secondi dopo lo sparo insieme ad altri soccorritori.

Il 7 ottobre i periti trovano tracce di polvere da sparo sia nella borsa di Ferraro, sia sugli abiti di Scattone. Per gli avvocati difensori dei due assistenti tanto le tracce sui loro effetti personali quanto quelle sul davanzale possono essere frutto di inquinamento atmosferico. I due rimangono in carcere.

Il 9 gennaio 1998 la procura chiede il rinvio a giudizio di Giovanni Scattone e Salvatore Ferraro. Lo chiede anche per Francesco Liparota e Gabriella Alletto, e anche per il professor Bruno Romano, Rino Zingale, Maurizio Basciu, bibliotecario, Maria Urilli, segretaria d'istituto, e Marianna Marcucci, un'amica di Ferraro, tutti accusati di favoreggiamento.

Il processo inizia tre mesi dopo.

È uno scontro tra gli avvocati della difesa e i rappresentanti dell'accusa.

Gabriella Alletto e la sua testimonianza vengono passate al setaccio. Attraverso l'analisi delle sue deposizioni, la difesa di Scattone e Ferraro cerca di dimostrare con l'aiuto di un professore di neurofisiologia che i ricordi di Maria Chiara sono ricostruiti con il ragionamento e la deduzione e che quindi possono essere ritenuti poco affidabili. Inoltre, per ammissione della stessa teste, si sono effettivamente verificati dei fenomeni di suggestione sotto la pressione degli inquirenti. Quando la difesa le chiede perché inizialmente aveva negato di essere stata nell'aula VI la mattina del 9 maggio, la donna risponde che ha taciuto per paura e precisa di aver iniziato a collaborare quando gli inquirenti l'hanno «aiutata a ricordare». Nel settembre 1998, viene anche proiettato in aula un video riguardante l'interrogatorio della Alletto. Si tratta di una conversazione fra la teste e il cognato, il viceispettore di polizia Luigi Di Mauro. Gabriella Alletto, anche di fronte alle sollecitazioni del cognato, sembra incerta su quello che è successo quella mattina.

Scoppia lo scandalo: i pubblici ministeri sono sospettati di aver estorto la testimonianza chiave con minacce e ricatti. Il Consiglio superiore della magistratura apre un'inchiesta disciplinare nei confronti del capo della procura di Roma Italo Ormanni e del pubblico ministero Carlo Lasperanza. Ma le indagini si concludono con l'archiviazione. Anche la procura di Perugia indaga sull'operato dei magistrati romani, i reati ipotizzati sono abuso d'ufficio e violenza privata. I due inquirenti vengono prosciolti.

Il 10 febbraio 1999 Francesco Liparota, l'usciere, conferma nell'aula del tribunale di aver rilasciato false affermazioni su Ferraro e Scattone. Sostiene di essersi sentito prigioniero della polizia. Di aver avuto paura della vita in carcere e delle violenze da parte degli altri detenuti. In quello stato di disperazione e di panico, avrebbe confermato quanto detto da Gabriella Alletto, variando qualcosa per essere più attendibile.

I due accusati, Scattone e Ferraro, sostengono di non essere stati nell'aula VI al momento dello sparo. Scattone sostiene di essersi recato a Villa Mirafiori per incontrare il professor Eugenio Lecaldano, che riceve il venerdì dalle 10.30 alle 11.30. Di aver preso l'autobus 310 e raggiunto la città universitaria. Intorno alle 12 ha ritirato un certificato presso la segreteria di Lettere, poi si è avviato verso Giurisprudenza solo intorno alle 12.15, quando Marta Russo era già stata colpita. Il professor Lecaldano ricorda di aver incontrato Scattone un «venerdì di maggio», ma non è sicuro che fosse proprio il 9. Il certificato ritirato non presenta l'ora del rilascio. Si tratta quindi di un alibi debole. Nessuno può smentire con certezza quanto affermato dalla Alletto.

Ancora più vago è l'alibi di Ferraro. La mattina del 9 maggio sostiene di essere rimasto a casa a studiare. Dichiara anche di aver ricevuto diverse telefonate. La sua amica, Marianna Marcucci, sostiene inizialmente di essere stata a casa sua, tra le 11.40 e le 12.30, cioè all'ora del delitto. Gli inquirenti non le credono e il 16 giugno 1997, dopo l'arresto di Ferraro e Scattone, la indagano per falsa testimonianza e favoreggiamento. Al processo, su consiglio del suo avvocato, la Marcucci non si presenta, avvalendosi della facoltà di non rispondere.

Ma chi sono Scattone e Ferraro?

Giovanni Scattone nasce a Roma nel 1968. Si laurea in filosofia con centodieci e lode. Ama la narrativa americana e russa, ha una grande passione per il cinema e gli piace viaggiare. È descritto come una persona mite, prudente. Dagli occhi freddi e chiari.

Salvatore Ferraro, detto Sasà, nasce a Locri nel 1967. Si sposta a Roma per l'università e si laurea in Giurisprudenza con centodieci. Scrive racconti, sceneggiature e canzoni. I suoi atteggiamenti non sono così pacati e riservati come quelli di Scattone. Il 1° luglio 1997 inizia uno sciopero della fame, che interromperà solo in seguito alle pressioni della sua famiglia.

Sono stati loro a uccidere Marta Russo? Chi segue il processo si divide, come accade sempre in questi casi: da una parte i colpevolisti, dall'altra gli innocentisti, entrambi vigorosamente convinti dell'una o dell'altra tesi.

Dopo un anno di dibattimento, il 13 aprile 1999 si arriva alle requisitorie. Secondo il sostituto procuratore Carlo Lasperanza un vero e proprio movente non c'è. I due imputati avrebbero ucciso Marta Russo per dimostrare a loro stessi, al di là del bene e del male, che erano in grado di applicare le teorie studiate nei seminari. In pratica, avrebbero ucciso una ragazza perché convinti che, senza un movente e senza il ritrovamento dell'arma, un delitto sarebbe rimasto sicuramente impunito. D'altra parte, nel giugno 1997, proprio il Tribunale per la libertà aveva respinto la richiesta di scarcerazione presentata dai due imputati, sostenendo che il «movente è l'assenza del movente». Il procuratore Ormanni, invece, non parla di omicidio premeditato, ma di omicidio volontario. La morte di Marta Russo è stato un rischio calcolato, accettato da entrambi gli imputati. Al termine della requisitoria, il dottor Ormanni legge le richieste dell'accusa. Assoluzione per Maria Urilli, Maurizio Basciu e Marianna Marcucci, imputati di favoreggiamento, perché il fatto non costituisce reato. Quattro anni di reclusione per il professor Bruno Romano, per favoreggiamento. Sarebbe stato lui, in qualità di preside di Filosofia del diritto, a organizzare un vero e proprio «muro d'omertà» per difendere la reputazione dell'istituto. Un mese è la richiesta per Gabriella Alletto, accusata anche lei di favoreggiamento. Cinque anni e nove mesi, invece, per Liparota, sempre per favoreggiamento, poiché ha ritrattato la deposizione. Diciotto anni per Scattone e Ferraro.

La Corte d'assise condanna Scattone a sette anni per omicidio colposo e all'interdizione perpetua dai pubblici uffici. E condanna Ferraro a quattro anni per favoreggiamento personale e all'interdizione per cinque anni dai pubblici uffici. Tutti e due, intanto, vengono scarcerati per decorrenza dei termini di custodia cautelare.

Vengono assolti dall'accusa di favoreggiamento il professor Romano perché il fatto non sussiste, Francesco Liparota per non aver commesso il fatto, Gabriella Alletto perché non punibile. Assolti, perché il fatto non sussiste, anche tutti gli altri imputati: Maria Urilli, Maurizio Basciu e Marianna Marcucci.

Scattone e Ferraro, naturalmente, ricorrono in appello.

Il secondo grado del processo si apre il 3 maggio 2000 e si chiude il 7 febbraio 2001. Gabriella Alletto si è mostrata molto più sicura e determinata, precisa nell'esporre la sua versione dei fatti e i giudici le hanno creduto di nuovo. Dopo più di dodici ore di camera di consiglio arriva la sentenza che conferma la condanna a Giovanni Scattone, aumentandola di un anno. A Salvatore Ferraro viene aumentata di due anni.

Il 5 dicembre 2001, Vincenzo Geraci, il procuratore generale della cassazione, rimette in discussione il processo e, al termine della requisitoria, chiede ai giudici della prima sezione penale della cassazione di annullare, con rinvio, la sentenza della Corte d'assise d'appello. Il 6 dicembre la Corte di cassazione ammette il ricorso degli imputati, accogliendo le richieste del procuratore generale. Annulla con rinvio la sentenza d'appello di condanna. Si riparte dal primo grado.

Intanto Giovanni Scattone pensa alla propria carriera studiando e dando esami. Il 19 febbraio 2002 affronta la prova scritta di selezione per un assegno annuale di ricerca in Filosofia del diritto presso la facoltà di Giurisprudenza dell'Università di Macerata. Si dedica a lavori di traduzione e alla compilazione di una storia della filosofia. Il 14 ottobre 2001 si sposa segretamente con Cinzia Giorgio, conosciuta dopo una lunga corrispondenza nata mentre era in carcere.

La sentenza del nuovo processo arriva il 15 dicembre 2003. Vengono confermate le condanne. Le pene cambiano di nuovo: cinque anni e quattro mesi a Giovanni Scattone, che non è però più interdetto per sempre dai pubblici uffici, quattro anni e due mesi a Salvatore Ferraro. Per Francesco Liparota la sentenza di condanna per favoreggiamento è annullata, perché costretto a mentire dalla necessità di autodifendersi.

Nel settembre del 2003 esce al cinema un film di Pierfrancesco Campanella. Si intitola *Cattive inclinazioni* e si avvale della consulenza tecnica di Salvatore Ferraro. Anche lui nel frattempo coltiva i propri interessi. Ferraro ha studiato sceneggiatura da ragazzo e ha sempre avuto la passione per la scrittura. È lui stesso a dichiarare: «Credo di conoscere molto bene cosa significa la pressione dell'esposizione mediatica per un imputato». Per questo film è consulente tecnico per i rapporti tra magistratura e media. Non compare nei titoli di testa ma il suo nome risuona in tutte le recensioni e le pubblicità del film.

Scattone chiede l'affidamento ai servizi sociali e il 2 aprile 2004 viene scarcerato. Lavora in una cooperativa che si occupa del recupero di bambini handicappati. Il Tribunale del riesame di Roma ha accolto la richiesta dei suoi difensori ammettendolo in prova ai servizi sociali.

Scattone e Ferraro continuano a proclamarsi innocenti.

Per la giustizia sono colpevoli dell'omicidio di Marta Russo. Sentenza definitiva.

Per i genitori di Marta Russo non ci sono dubbi.

A uccidere Marta, ammazzata con un colpo in testa mentre passeggiava tranquilla per il vialetto della sua università, sono stati loro.

Manner of death

Ci sono decine, forse centinaia di modalità che possono portare alla morte, ma tutte confluiscono in quattro grandi categorie: naturale, accidentale, omicidio e suicidio, se ne escludiamo una quinta, che raggruppa i casi non determinati o non classificabili.

Parlando di scena del crimine e di modi della morte, uno dei capitoli fondamentali riguarda il fenomeno delle asfissie, e delle asfissie meccaniche in particolare, come nei casi di impiccamento, strangolamento, strozzamento, soffocazione esterna diretta e annegamento.

Tutti sanno cosa sia l'impiccamento. Lo strozzamento e lo strangolamento si differenziano tra loro per il mezzo che ha prodotto l'asfissia: nel primo caso sono le mani a stringere il collo della vittima, nel secondo caso è un laccio. Tre situazioni che creano un'occlusione dei vasi, e non necessariamente anche delle vie aeree, con una congestione di sangue alla testa che provoca piccole emorragie puntiformi visibili al volto e alle congiuntive. Il tempo necessario perché la vittima perda conoscenza varia da secondi a pochi minuti, e i segni in questi casi sono di solito ben evidenti. Se nelle situazioni di impiccamento e strangolamento si può notare il solco lasciato dal laccio, nello strozzamento si trovano spesso ecchimosi dovute alla pressione esercitata dalle dita dell'aggressore, e poi anche escoriazioni provocate dalle unghie.

Di fronte a uno strangolamento e in assenza del laccio, è importante cercare di rilevare l'impronta che questo ha lasciato sulla pelle, perché da lì si può riconoscere la trama del tessuto di cui è composto; e lo si deve fare con materiali plastici, in fretta e direttamente sulla scena del crimine, per non perdere un'informazione utile, ma che scompare velocemente.

Non è invece semplice riconoscere i segni della soffocazione, quando sulla bocca della vittima viene premuto un cuscino o anche semplicemente la mano. Raramente ci sono segni di compressione ed ecchimosi all'interno delle labbra, anche se talvolta gli investigatori riescono a recuperare dalla bocca o dalle aperture nasali qualche fibra del materiale usato per soffocare.

L'ultima situazione di asfissia meccanica riguarda l'annegamento. È difficile valutare dai primi elementi visibili se il soggetto è annegato o se invece è morto per un'altra causa ed è finito in acqua successivamente, a meno che non ci siano i segni evidenti di una lesione traumatica mortale. Sul tavolo anatomico la situazione si fa invece un po' più semplice, e a indirizzare verso l'ipotesi dell'annegamento è l'aspetto iperespanso dei polmoni, e poi la scoperta di diatomee all'interno delle strutture «filtro» come i reni, la milza e le meningi.

Dall'acqua al fuoco, nel corso di un incendio, la causa di decesso più comune è l'avvelenamento da monossido di carbonio; una diagnosi che diventa possibile solo dopo aver eseguito un'autopsia e trovato residui carboniosi nell'albero respiratorio. Bisogna comunque attendere le conferme dalle analisi dei campioni di sangue prelevato, dal dosaggio di quella particolare sostanza che è la carbossiemoglobina. Spesso però le lesioni provocate dal fuoco nascondono i segni di percosse o ferite di altra natura, anche se non è sempre facile distinguerle dagli artefatti prodotti dal calore, come le fratture ossee e i coaguli ematici.

Il corpo della vittima

L'investigatore della scena del crimine ha imparato a leggere il corpo della vittima e a riconoscere le ferite inferte da un coltello, da un'arma da fuoco, oppure le lesioni di tipo contusivo, come ecchimosi, escoriazioni, lacerazioni e fratture, tutte dovute all'urto di una superficie piana o ottusa contro una parte del corpo.

Le ecchimosi sono lesioni «chiuse», dovute alla rottura di vasi sottocutanei e all'infiltrazione dei tessuti. Variano di dimensioni secondo la superficie contundente, e possono riflettere la forma dell'oggetto che ha colpito prendendo allora il nome di lesioni «figurate». Il loro colore indica il momento in cui si sono prodotte, dal blu per le più recenti, al verdastro, al marrone e quindi al giallo per le più vecchie. Se poi sono il risultato di un contatto diretto dell'aggressore con la vittima, ad esempio un afferramento al collo, le ecchimosi possono trattenere sulla loro superficie sia le cellule che le impronte digitali dell'aggressore. Informazioni preziose che possono essere raccolte però solo se la violenza è avvenuta da poco tempo, e con tecniche particolari: cianoacrilati, carte fotografiche, o sostanze fluorescenti per le impronte, tamponi per le cellule epiteliali della cute dell'aggressore, da cui poi tentare di estrarre un profilo genetico.

Nelle escoriazioni c'è invece una perdita di sostanza cutanea dovuta all'effetto di frizione contro il corpo di una superficie ottusa, e la lesione è tanto più profonda quanto più irregolare è la superficie e maggiore la forza applicata. Nel disegno delle escoriazioni si possono leggere molte cose: lesioni lineari, parallele e superficiali fanno pensare ai graffi, mentre vaste escoriazioni al dorso e sui glutei dicono che il corpo è stato trascinato.

Ma anche la vittima può provocare escoriazioni al suo aggressore, e allora sotto le sue unghie potremo trovare tracce di cute o peli: ecco perché è necessario proteggere subito le mani di un cadavere con sacchetti in plastica, evitando così perdite o contaminazioni del materiale, e poi effettuare i prelievi sottoungueali al più presto.

Le lacerazioni sono interruzioni nella continuità di un tessuto, e quando riguardano la cute sono spesso accompagnate da contusioni e da escoriazioni. Hanno allora margini irregolari, e la presenza di ponti e briglie sul fondo della lesione permette di distinguerle dalle ferite da taglio inferte con un'arma bianca. Bisogna però sempre ricordare che l'assenza di lesioni contusive esterne non significa automaticamente che una vittima non sia stata colpita. Soprattutto se il corpo è protetto da indumenti pesanti, percosse anche violente all'addome possono produrre una lacerazione di organi importanti come il fegato o la milza con emorragie interne, senza che all'esterno resti il segno di un'ecchimosi.

E, di lacerazioni interne, si può anche morire.

Lui si chiama Roscoe «Fatty» Arbuckle, e nel 1913, prima di incontrare a Hollywood Mack Sennett, il re delle «comiche», è solo il garzone di un idraulico.

Sarà la sua faccia allegra, o l'effetto dei suoi 120 chili che schivano con agilità le immancabili torte in faccia, ma fatto sta che Arbuckle in quattro anni approda alla Paramount, con un contratto da cinquemila dollari la settimana.

La sua ascesa sembra inarrestabile, anche se la passione per le feste a base di alcol e ragazze pare complicargli la vita. Come quella volta che a Boston lui e i suoi ospiti devono sistemare le cose pagando 100 mila dollari al procuratore distrettuale e al sindaco per evitare lo scandalo di un'incriminazione.

Il 1921 per Arbuckle sembra proprio essere l'anno della consacrazione a stella di Hollywood, con il nuovo contratto triennale da tre milioni di dollari. Per festeggiare Fatty sceglie San Francisco, e il 5 settembre scende al St Francis Hotel dove affitta tre appartamenti comunicanti al dodicesimo piano. Naturalmente a San Francisco non è venuto solo. Lo accompagnano un gruppo di ragazze, tra cui Virginia Rappe, una graziosa venticinquenne di Chicago, e la sua amica Bambina Maude Delmont; le loro stanze sono state prenotate al Palace Hotel.

Virginia sta muovendo i primi passi a Hollywood, e ha già recitato in qualche piccola parte. Ma si parla di lei come protagonista del nuovo lungometraggio della Fox, e per questo ha accettato l'invito di Arbuckle: ogni appoggio può esserle utile.

La festa inizia nel primo pomeriggio e nel giro di poche

ore è difficile trovare qualcuno degli invitati ancora sobrio. È a questo punto che Fatty abbraccia Virginia e la porta nella camera da letto dell'appartamento numero 1221. Nulla di strano, niente di cui scandalizzarsi. Lo champagne continua a scorrere, e poi c'è la musica, il ballo. Ma improvvisamente dalla camera arrivano delle grida, urla così strazianti che tutti si bloccano di colpo. Qualcuno bussa alla porta, più volte prima che Arbuckle si affacci con un'aria imbarazzata. «Andate di là a vestirla e portatela al Palace. Fa troppo chiasso» dice alle ragazze, poi si gira verso Virginia e le grida: «Piantala o ti butto giù dalla finestra».

Ma Virginia non riesce a smettere di urlare: «Muoio... muoio, mi ha fatto male...». Caricata sull'ambulanza fa appena in tempo ad arrivare in ospedale e a dire alla prima infermiera che la soccorre: «È stato Fatty Arbuckle a ridurmi così... vi prego... fate che non la passi liscia». Poi entra in coma e non si sveglia più. Muore cinque giorni dopo, il 10 settembre.

Ma questa volta i soldi non bastano a «risolvere il problema», e anzi il coroner sventa un tentativo maldestro di far sparire una prova importante scoperta durante l'autopsia. Un giovane medico viene bloccato mentre si dirige all'inceneritore per distruggere gli organi interni lacerati di Virginia, e si scopre così che la donna è morta per la rottura della vescica causata da un atto di violenza imprecisato.

Fatty viene accusato di violenza carnale e omicidio, e i giornali si gettano sullo scandalo, tirando fino a otto edizioni al giorno. Si parla del peso di Fatty, e della possibilità che, cadendo su Virginia, le abbia provocato le lesioni mortali. Qualcuno arriva persino a ironizzare sulle dimensioni degli attributi sessuali del comico. Ma presto si fa strada un'altra ipotesi terribile, quella di uno stupro contro natura, iniziato con una bottiglia e finito con una scheggia di ghiaccio.

Ci vogliono tre processi prima che Arbuckle venga assolto, fino all'ultima sentenza del 12 aprile 1922. Non ci sono prove materiali dell'omicidio, e poi le testimonianze sono confuse e contraddittorie. Lui, l'imputato, che non ha mai mostrato un senso di colpa e di dolore per la morte di Virginia, lascia il tribunale dichiarando alla stampa: «Questo è il momento più solenne della mia vita. L'ignobile accusa montata contro di me è stata smentita, la mia innocenza provata... io sono sinceramente grato ai miei fratelli in umanità, uomini e donne. Finora ho dedicato la mia vita alla produzione di film onesti e puliti, per la gioia dei bimbi. Ora cercherò di allargare il mio campo di attività perché la mia arte possa giovare a un numero sempre maggiore di persone».

Fatty Arbuckle non lavorerà più, il suo contratto con la Paramount sarà cancellato, i suoi film ritirati e distrutti.

Si metterà a bere, a bere molto, e nel 1931 verrà arrestato per guida in stato di ebbrezza. Lanciando una bottiglia dal finestrino griderà all'agente che si sta avvicinando all'auto: «Tanti saluti alle prove». Forse stava pensando a un'altra bottiglia, volata dieci anni prima da una finestra del St Francis Hotel di San Francisco.

Ultima tra le lesioni contusive è la frattura, quando l'interruzione della continuità interessa il tessuto osseo. Naturalmente è il cranio a essere il bersaglio preferito di ogni aggressione omicida, e qui la frattura può essere «formata», riportando il disegno della superficie contundente, oppure può consistere in una vasta crepatura delle ossa della volta e della base, come accade negli urti contro grosse superfici.

Armi bianche

Solo le morti naturali, dovute a malattia, non riconoscono un precedente traumatico. Hanno poco interesse per gli esperti della scena del crimine, che devono in ogni caso saperle riconoscere per poterne escludere il sospetto.

Le morti traumatiche derivano invece dall'impatto di oggetti, come nelle lesioni contusive, oppure dal taglio e dalla penetrazione di una lama, e ancora dal proiettile esploso da un'arma da fuoco.

Le armi bianche si distinguono in armi da punta, da taglio, da punta e taglio, e poi da fendente.

Sul corpo di una vittima il tipo di lesione più frequente è quella da punta e taglio, di solito più profonda che larga, e gli angoli della ferita si presentano ottusi o acuti a seconda dello strumento. Se una lama monotagliente lascia un angolo ottuso e uno acuto, una bitagliente crea due angoli acuti. A seconda poi del filo, seghettato o liscio, la lesione si presenta più o meno irregolare, ma non sempre le dimensioni di una ferita riflettono quelle della lama, come quando la vittima si muove mentre l'aggressore la colpisce.

In alcune situazioni è la posizione particolare dei tagli che racconta qualcosa della dinamica del delitto, come nel caso delle cosiddette «lesioni da difesa»; si trovano sulle superfici palmari delle mani e delle dita, o sulla superficie dorsale degli avambracci, e si producono quando la vittima, nel tentativo di difendersi, cerca di afferrare la lama o di proteggersi con le braccia.

Ci sono poi alcuni strumenti particolari da taglio o da punta che possono lasciare segni specifici; un caratteristico disegno a X sulla pelle dei cacciavite a stella, ad esempio, oppure i segni «a coda di rondine» delle punte delle forbici.

Un investigatore deve sempre saper «leggere» le ferite da arma bianca, ricostruire il numero dei colpi, la loro direzione e profondità, analizzare le caratteristiche delle ferite con l'aiuto del medico legale.

Perché da questo può dipendere la soluzione di un omicidio.

Come nel caso del capitano Jeffrey MacDonald.

È il 17 febbraio 1970, quando Jeffrey MacDonald, ufficiale del comando militare di Fort Bragg, North Carolina, afferra il telefono e compone a fatica il 911, il numero delle emergenze.

Quando la polizia arriva lo trova a terra nella camera da letto, ferito. Nella casa solo silenzio e sangue.

Stava dormendo sul divano in cucina – racconta – quando le grida della moglie lo svegliano. Corre e trova tre uomini e una donna, vestiti da hippie, che cantano di acidi e di morte ai maiali; li affronta, e uno di quelli tira fuori un punteruolo da ghiaccio. Cerca di difendersi, si toglie la giacca blu del pigiama e l'avvolge attorno a un braccio per parare i colpi, ma qualcuno imbraccia una mazza da baseball e lo stende.

Ecco com'è andata.

Colette, la moglie incinta di ventisei anni, ha il volto coperto da una giacca del pigiama blu lacerata in più punti: è stata ripetutamente pugnalata al petto, ha la testa fracassata e le braccia spezzate. Dietro la testata del letto, scritta nel sangue, la parola «pig», maiale, che ricorda la scena del massacro di Bel Air, la strage voluta da Charles Manson e la sua «famiglia» solo un anno prima in California.

Nella cameretta al piano di sotto ci sono i corpi di Kimberly, cinque anni, e della sorella Kristen, di due. Anche loro sono state raggiunte da numerosi fendenti e, nel sangue, a terra, si scorge l'impronta di un piede.

A occuparsi del caso sono i detective William Ivory e Franz Grebner, e a loro la versione di MacDonald non torna. C'è troppo ordine nella camera da letto per immaginare una lotta tra l'uomo e gli intrusi; e poi su un tavolo trovano una rivista che dedica un importante servizio proprio ai delitti di «Satana» Manson.

L'intera faccenda comincia a sembrare una grande messa in scena.

Come mai una banda di hippie fatti di acido ha massacrato una famiglia, e ha finito per lasciare quasi incolume MacDonald, a parte qualche graffio e ferite superficiali? E poi come ha fatto l'uomo, tremendamente miope, a vedere senza i suoi occhiali e a dare una descrizione tutto sommato accurata degli assassini? E perché ha chiamato i soccorsi al telefono nel buio? Perché è infatti al buio che i poliziotti hanno trovato la casa quando sono arrivati.

Non ci sono segni di effrazione, né tracce dell'ingresso di un gruppo di disordinati aggressori. E perché ancora molti fili blu, gli stessi che compongono il tessuto della giacca del pigiama, si trovano sotto il corpo di Colette, quando il marito ha dichiarato di aver semplicemente appoggiato l'indumento sopra di lei, per coprirla? Le stesse fibre si trovano poi vicino alla scritta tracciata col sangue, altre fibre, sempre le stesse, stanno vicino alla testata del letto nella stanza dei bambini e sotto le unghie di Kristen, nulla però nella stanza dove l'uomo dice di aver dormito.

Ma ci sono altre tracce che sembrano ancora più compromettenti: sul letto dove Colette è stata aggredita si ritrova il dito strappato di un guanto in lattice, di quelli monouso, e sul coltello che MacDonald dichiara di aver estratto dal corpo della moglie non si trova nessuna impronta digitale, come nessuna impronta si trova sulla cornetta del telefono usata per chiamare soccorso, su un secondo coltello e sul punteruolo trovati più tardi.

Le indagini sono però condotte con approssimazione, molte prove sono distrutte o addirittura vengono perdute, e le accuse cadono.

Almeno fino a quando MacDonald decide sciaguratamente di apparire in televisione; il suo comportamento freddo e le considerazioni poco opportune sulla tragica morte dei suoi cari fanno riaffiorare i sospetti.

E le indagini ripartono.

Un impulso determinante viene dalle tracce di sangue e dallo studio della loro distribuzione. È ancora presto per il concetto di Dna fingerprint, ma ciascun membro della famiglia ha un gruppo sanguigno diverso, il che rende possibile attribuire ogni goccia a una vittima, e ricostruire così i suoi movimenti.

Sangue di MacDonald si trova in cucina, vicino a un armadietto che contiene una confezione di guanti monouso, ma non nella stanza dove sostiene di essere stato ferito, e nemmeno dove ha detto di essere caduto privo di sensi.

Quando il caso arriva all'Fbi, Paul Stombaugh analizza tutti i dati a disposizione e stabilisce che Colette è stata avvolta in un lenzuolo e poi spostata da qualcuno che indossava la giacca del pigiama.

Esaminando lo stesso indumento trova che i quarantotto fori prodotti dal punteruolo hanno tutti i bordi regolari e una forma tondeggiante; e ciò può essere possibile solo se il pigiama è fermo, immobile nel momento in cui viene colpito; quei tagli non possono certo essere spiegati se la giacca è arrotolata attorno a un braccio e raggiunta da un'arma con le più diverse angolazioni.

Stombaugh quindi ripiega la giacca, per vedere la corrispondenza dei segni, e riesce a dimostrare che i quarantotto fori possono essere stati prodotti da ventun colpi di punteruolo, il che torna con il numero di ferite trovate sul corpo di Colette.

Quest'ultima dimostrazione è sufficiente perché la pubblica accusa ottenga un verdetto di colpevolezza e la condanna a tre ergastoli per un omicidio di primo grado e due di secondo grado.

Ma questa brutta faccenda non si chiude qui, e ogni elemento dell'inchiesta viene preso e rivoltato da quelli, e non sono pochi, che pensano che le indagini siano state condotte in modo maldestro.

La difesa ad esempio sostiene che Paul Stombaugh non possiede la competenza sufficiente per essere considerato uno specialista nell'analisi delle macchie di sangue, e contesta di non avere avuto l'autorizzazione a esaminare direttamente il pigiama e sottoporlo alla valutazione di un proprio esperto. Non è possibile credere sulla parola all'opinione di Stombaugh, continua la difesa di Jeffrey MacDonald, e poi sulla base di una sola ispezione visiva.

Anche se Stombaugh dichiara d'avere ripiegato il pigiama così come è stato ritrovato sulla scena del delitto, ciò che si vede nelle foto raccolte immediatamente dopo i fatti non sembra coincidere con le immagini scattate per il suo esperimento. Anzi, secondo la difesa, il tecnico dell'Fbi ha sistemato il pigiama nel modo in cui lui pensava fosse stato, così da provare la sua ipotesi. E poi come è possibile che l'indumento e la povera vittima che lo indossava siano rimasti fermi, colpo dopo colpo?

Un caso controverso, che dopo venticinque anni ancora non ha visto scritta la parola fine. Anche se, nella linea della pubblica accusa, Judith Bunker, esperta in tracce ematiche e stimata tra gli scienziati forensi, ha deciso di non rappresentare la difesa, affermando che le sue conclusioni avrebbero potuto non supportare la tesi degli avvocati.

Jeffrey MacDonald continua ancora oggi a dichiarare la propria innocenza, dalle carceri americane in cui è recluso, e nel marzo del 1991, pur avendo acquisito i diritti per ottenere la libertà sulla parola, ha rinunciato all'udienza, ribadendo la sua estraneità ai delitti.

Nell'ottobre del 1997 ha chiesto e ottenuto che venisse condotto un esame del Dna sui reperti conservati dalla scena del crimine.

Nel 2001 si è fidanzato con un'amica d'infanzia, Kathryn Kurichh, che ha sposato il 30 agosto 2002.

Il 27 maggio 2004 i legali della difesa sono stati informati che la valutazione del Dna avrebbe registrato qualche ritardo a causa dell'impegno dei laboratori nell'identificazione delle vittime della guerra in Iraq.

Armi da fuoco

Difficile pensare a un omicidio, a una scena del crimine, senza che vengano in mente pistole e proiettili, bossoli e residui di sparo e traiettorie balistiche.

La scienza che si occupa del moto dei corpi lanciati nello spazio e in ambito forense studia le proprietà statiche e dinamiche del proiettile si chiama balistica; una disciplina divisa in balistica interna, che si limita ai fenomeni che vanno dalla percussione all'uscita di un proiettile dalla canna di un'arma; esterna, che copre il tragitto fino al bersaglio, e finale, che analizza il comportamento del proiettile sul corpo della vittima.

Un'arma da fuoco è composta da varie parti, ciascuna con la sua funzione specifica. Un cilindro in metallo, la canna, il cui scopo è indirizzare a distanza un proiettile, utilizzando la forza di espansione dei gas prodotti dallo scoppio delle polveri. Da un lato l'estremità della canna, o volata, termina liberamente con una superficie limite chiamata vivo di volata, dall'altro è innestata con la culatta in una specie di scatola che racchiude i congegni di caricamento e sparo, la scatola di culatta. Tutte le parti sono poi fissate su una struttura, il castello, che a sua volta è connesso all'impugnatura o calcio. Al calcio, infine, è anche collegato il congegno di percussione e di scatto.

La parte interna della canna è chiamata anima, e può avere una superficie liscia oppure rigata. La rigatura consiste in un insieme di solchi a spirale che imprimono un movimento rotatorio al proiettile, permettendogli di mantenere la stessa direzione nello spazio, sempre con la punta rivolta in avanti.

Le armi da fuoco si distinguono in portatili, se di calibro compreso tra 6.5 e 20 mm, e artiglierie, e a loro volta le portatili possono dividersi in armi a ripetizione ordinaria, a ripetizione semiautomatica oppure automatiche.

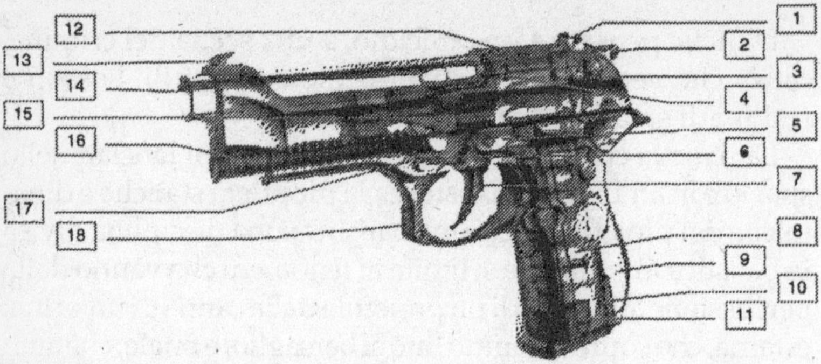

I pezzi principali di una pistola automatica, reciprocamente vincolati da opportuni accoppiamenti, sono la canna (14), il fusto (17) e il carrello (12). La canna termina a un'estremità con la bocca (detta volata) e all'altra con la culatta. All'interno la canna è completamente rigata dalla volata alla camera di cartuccia, che si trova dal lato della culatta. In una sezione detta castello si trovano il percussore (4) e la sua molla antagonista. La canna è alloggiata nel carrello, la cui funzione primaria di sicurezza è di chiudere la culatta e sigillare la cartuccia nella camera. Sempre nel carrello trova posto un altro meccanismo di sicurezza: la leva di sicura (3). Il fusto, detto anche impugnatura (9), contiene il cane (2), il serbatoio (10) delle cartucce (8) con la sua molla (11) e la catena di scatto. Quest'ultima inizia con il grilletto (7), con il suo ponticello di protezione (18) e, attraverso una serie di leveraggi (5), alla pressione di questo si ha lo sgancio del cane che era stato precedentemente armato. Da che cosa? O da un precedente arretramento del carrello (manuale o per colpo sparato), oppure dal pollice del tiratore (mossa tipica, nei film, di chi usa la Colt 45). Nella parte superiore di una pistola ci sono gli organi di mira come tacca (1) e mirino (13), poi un bottone di svincolo per lo smontaggio (6), la molla antagonista di recupero (16) e i meccanismi di blocco/sblocco (15), che consentono parziali movimenti indipendenti dell'insieme canna-carrello.

Il calibro di un'arma dal punto di vista tecnico è la misura del diametro interno, o anima, della canna. Oggi con calibro si intende comunemente anche quello della cartuccia che viene usata in una certa arma, benché i due valori non siano identici. La palla è in realtà più larga dell'anima in modo da chiudere le cosiddette gole di rigatura e impedire l'uscita incontrollata dei gas propellenti. In questo modo si producono quelle caratteristiche scalfitture, quei solchi e graffi che permettono di risalire all'arma che ha sparato il colpo.

Quando si parla di calibro bisogna ricordare che i sistemi metrici non sono uguali nel mondo. Nel nostro sistema metrico decimale, la misura sarà in millimetri, e avremo allora i vari 7.65 o 9 millimetri, per citare i calibri più comuni, mentre nel mondo anglosassone si usano i centesimi o i millesimi di pollice, non preceduti in genere dal punto decimale.

Armi e proiettili giocano un ruolo determinante in uno dei processi più celebri e controversi del XX secolo: si dice, anzi, che questo sia stato il primo caso in cui una sentenza si è poggiata sulle prove della balistica.

È il 15 aprile 1920, e nella piccola città di South Braintree, Massachusetts, le guardie della sicurezza della fabbrica di scarpe Slater&Morrill stanno consegnando i 16 mila dollari che servono a pagare gli stipendi degli operai. Quando, improvvisamente, compaiono due uomini che estraggono le pistole e fanno fuoco uccidendo gli agenti, afferrano il denaro e saltano su un'auto dove li aspettano altri complici.

Anche se frastornati dalla rapidità e dalla ferocia dell'assalto, alcuni testimoni oculari riescono a descrivere gli uomini: uno aveva grossi baffi «a manubrio», e tutti e due apparivano «italian looking», italiani nell'aspetto.

Gli investigatori recuperano sei bossoli dal marciapiede accanto ai cadaveri, e risalgono a tre produttori: Remington, Winchester e Peters. Poi trovano l'auto utilizzata per la fuga, abbandonata, e la collegano subito a una precedente rapina.

La polizia sospetta che la «mente» della rapina sia un criminale italiano di nome Mike Boda, ma quando scoprono il suo rifugio, l'uomo è già scappato. Due dei suoi amici vengono arrestati, alcuni dicono nel rifugio di Boda, altri su un tram.

Sono semplici operai italiani, che corrispondono genericamente alle descrizioni dei killer: si chiamano Nicola Sacco, ventinove anni, e Bartolomeo Vanzetti, trentadue.

Negano di possedere armi, ma gli vengono trovate addosso pistole detenute illegalmente, e quella di Sacco è una Colt automatica 32, lo stesso calibro dei proiettili che hanno ucciso a South Braintree.

Sacco ha pure un paio di baffi importanti, e porta con sé una dozzina di proiettili provenienti dalle manifatture incriminate, e i due sono poi membri di un gruppo radicale anarchico che sostiene il ricorso alla violenza per risolvere le ingiustizie.

Vengono immediatamente arrestati.

Sacco è condannato per una precedente rapina e accusato con Bartolomeo Vanzetti dell'omicidio di Alessandro Berardelli, una delle guardie di sicurezza della fabbrica di scarpe. Il processo inizia il 31 maggio 1921, e l'opinione pubblica è chiaramente schierata contro i due indagati, etichettati come soggetti pericolosi, indipendentemente dalla loro innocenza o colpevolezza. Ma dalla parte di Sacco e Vanzetti si schierano in molti, americani e immigrati, che creano il Sacco-Vanzetti Defense Committee, che si scaglia contro i pregiudizi xenofobi e il clima da caccia alle streghe che sembra accompagnare l'inchiesta.

Quattro proiettili vengono estratti dai corpi delle vittime, e agli esperti si chiede di testimoniare se l'arma di Nicola Sacco sia, al di là di ogni dubbio, l'arma del delitto: in aula le opinioni sono discordanti.

Gli esperti della difesa si mostrano più sicuri nel manifestare la propria opinione, ma nessuno di loro basa le proprie affermazioni su criteri scientifici: sono tutti autodidatti.

L'elemento chiave su cui si gioca l'innocenza o la colpevolezza dei due sembra essere il proiettile che ha ucciso

Beraldelli, ma è così antiquato che l'unico altro simile che si può scovare per una comparazione è quello contenuto nella tasca di Sacco.

I giurati si improvvisano esperti di balistica e tra i banchi gira persino una lente di ingrandimento con cui esaminare i proiettili. Alla fine giunge il verdetto: la sentenza è di condanna a morte e viene anche fissata la data dell'esecuzione.

Nel mondo si diffonde presto l'opinione che i due siano innocenti e vittime del sistema capitalistico e delle paure americane. Ma la difesa di Sacco e Vanzetti non si arrende e per sostenere la propria posizione assume Albert H. Hamilton. Sei anni prima Hamilton aveva testimoniato come esperto nel caso di Charles Stielow, un immigrato tedesco arrestato per un duplice omicidio. Entrambe le vittime erano state uccise con un revolver calibro 22, e Stielow era stato subito fermato e trovato in possesso di un'arma simile che aveva addirittura cercato di nascondere. Dopo avere chiesto di tornare a casa dalla moglie, si era dichiarato colpevole, credendo di essere comunque rilasciato; non aveva però firmato alcuna confessione, e una volta in carcere aveva ritrattato tutto.

Hamilton non aveva una grande fama, si vantava anche di titoli accademici che non possedeva, ma era disponibile a testimoniare in qualunque campo gli venisse richiesto un parere, purché retribuito.

Anche la balistica, diceva, era tra le sue specializzazioni, e aveva dichiarato alla corte di essere in grado di evidenziare una scalfittura anomala nella canna dell'arma di Stielow che avrebbe lasciato la sua traccia sui proiettili esplosi.

Aveva persino portato fotografie per impressionare la giuria, anche se poi aveva ammesso in aula che non era possibile cogliere chiaramente i segni che scagionavano il suo cliente.

Ma non aveva mai effettuato una prova di sparo, e

quando gli fu chiesto di evidenziare la scalfittura nella canna dell'arma, disse che non gli era possibile perché la forza esplosiva del proiettile lo aveva dilatato, e nel suo percorso lo stesso proiettile aveva appianato il solco e lo aveva reso invisibile.

Argomentazioni che oggi sembrano assurde, e altrettanto erano state giudicate all'epoca da una giuria che senza grossi problemi condannava a morte Charles Stielow. Per sua fortuna, però, anche se all'ultimo momento, due vagabondi confessavano il delitto salvandogli la vita.

La pseudoscienza baldanzosamente sostenuta da Hamilton aveva quasi fatto condannare un innocente e un'ulteriore conferma della pochezza del nostro «esperto di balistica» sta nel fatto che un successivo esame dell'arma incriminata di Stielow rivelava una tal quantità di ruggine da dimostrare che non veniva usata da anni.

Sebbene umiliato, Hamilton inspiegabilmente continuava a lasciare la sua impronta nei dibattimenti. Assunto dalla difesa di Sacco e Vanzetti, non perde tempo nel pronunciare autoritari proclami basati su una robusta dose di incompetenza. L'esperto dell'accusa, Charles Van Amburgh, riesamina le prove nel 1923, quando la comparazione balistica si fonda su una tecnologia già collaudata; fotografa e ingrandisce i proiettili che hanno ucciso e quelli di una prova di sparo con il revolver di Sacco, e ribadisce che sono identici, preparandosi per un nuovo processo.

Con la solita furbizia, Hamilton cerca di fare un gioco di prestigio a sostegno della sua opinione. Porta l'arma di Sacco, insieme a due nuovi revolver Colt.

Davanti alla corte li smonta completamente, per poi riassemblarli tentando di scambiare le canne. Clamorosamente colto sul fatto dal giudice, deve rimettere le cose a posto e, persa ogni credibilità, vede respinta la richiesta di un nuovo processo.

Nonostante Hamilton, viene costituito un comitato per

la revisione del caso e, nel 1927, si prendono contatti con Calvin Goddard, che aveva lavorato al Bureau of Forensic Ballistics di New York. L'esperto utilizza la recente invenzione di Philip Gravelle, il microscopio ottico comparatore, e l'ellissometro per ispezionare la canna dell'arma. In presenza di uno dei consulenti della difesa, spara un colpo in una balla di cotone con la pistola di Sacco, lo raccoglie e lo mette sotto il microscopio ottico comparatore accanto a quelli trovati sulla scena del delitto.

Poi guarda attentamente.

I primi due non corrispondono, ma il terzo sì; perfino l'esperto della difesa è d'accordo che quei due proiettili sono stati sparati dalla stessa arma. Anche un secondo consulente della difesa è d'accordo, e questo chiude il caso. Lo stesso anno i due uomini vengono giustiziati sulla sedia elettrica. Vanzetti continua a proclamarsi innocente e le ultime parole di Nicola Sacco sono: «Lunga vita all'anarchia».

Le indagini successive, condotte con tecnologie moderne nel 1961 e nel 1983, sembrano confermare le conclusioni di Goddard. Ma rimangono ancora dei dubbi. Alcuni testimoni della difesa non sarebbero mai stati ascoltati, e in nessun conto è stata tenuta la confessione di un detenuto portoricano, Celestino Madeiros, che aveva dichiarato di aver preso parte alla sanguinosa rapina giurando che Sacco e Vanzetti non si erano mai visti.

Il 19 luglio 1977, infine, il governatore del Massachusetts, Michael Dukakis, decide di proclamare il 23 agosto «giorno commemorativo di Nicola Sacco e Bartolomeo Vanzetti», e lo comunica dicendo «che ogni stigma e onta venga per sempre cancellata dai nomi di Nicola Sacco e Bartolomeo Vanzetti, dai nomi delle loro famiglie e discendenti» e ancora: «Invito il popolo del Massachusetts a sostare nei suoi impegni quotidiani e a riflettere su quei tragici eventi e da essi trarre il coraggio di impedire alle forze dell'intolleranza, della paura e dell'odio di unirsi ancora per sopraffare la razionalità, la saggezza e l'imparzialità a cui il nostro sistema legale aspira».

La storia di Sacco e Vanzetti lascia molti dubbi, in alcuni la convinzione che siano stati inconsapevoli eroi, in altri banali delinquenti. E restano fotografie in bianco e nero e testimonianze, come questa lettera che Nicola Sacco indirizza al figlio Dante, dal carcere dove è detenuto:

Continuamente pensavo a te, Dante mio, nei tristi giorni trascorsi nella cella di morte, il canto, le tenere voci dei bimbi che giungevano fino a me dal vicino giardino di giuoco ove vi era la vita e la gioia spensierata, a soli pochi passi di distanza dalle mura che serrano in una atroce agonia tre anime in pena! ... Tutto ciò mi faceva pensare a te e ad Ines insistentemente, e vi desideravo tanto, oh, tanto. Figli miei! ... Ma poi pensai che fu meglio che tu non fossi venuto a vedermi in quei giorni, perché nella cella di morte ti saresti trovato al cospetto del quadro spaventoso di tre uomini in agonia, in attesa di essere uccisi, e tale tragica visione non so quale effetto avrebbe potuto produrre nella tua mente, e quale influenza avrebbe potuto avere nel futuro. D'altra parte, se tu non fossi un ragazzo troppo sensibile una tale visione avrebbe potuto esserti utile in un futuro domani, quando tu avresti potuto ricordarla per dire al mondo tutta la vergogna di questo secolo che è racchiusa in questa crudele forma di persecuzione e di morte infame. Sì, Dante mio, essi potranno ben crocifiggere i nostri corpi come già fanno da sette anni: ma essi non potranno mai distruggere le nostre Idee che rimarranno ancora più belle per le future generazioni a venire. Dante, per una volta ancora ti esorto ad essere buono ed amare con tutto il tuo affetto tua madre in questi tristi giorni: ed io sono sicuro che con tutte le tue cure e tutto il tuo affetto ella si sentirà meno infelice. E non dimenticare di conservare un poco del tuo amore per me, figlio, perché io ti amo tanto, tanto... I migliori miei fraterni saluti per tutti i buoni amici e compagni, baci affettuosi per la piccola Ines e per la mamma, e a te un abbraccio di cuore dal tuo padre e compagno...

Residui di sparo

L'espulsione di un proiettile avviene grazie a un processo chimico e fisico che produce un insieme di particelle proiettate nello spazio sia dal vivo di volata della canna sia dal piano di culatta.

Costituiti dagli elementi pesanti della carica di lancio e d'innesco, i residui dello sparo si depositano in particolare sulla mano che impugna l'arma e sugli indumenti delle persone coinvolte, ed è per questo che è importante esaminare l'individuo sospetto, e bisogna farlo in tempi brevi, non oltre le sei ore dal delitto.

I residui della polvere di lancio sono composti da nitrati e nitriti mentre i residui dell'innesco contengono piombo, bario e antimonio. Per poterli ritrovare, già dal 1931 si utilizzava il test di Gonzales, più noto come il guanto di paraffina, un calco della mano ottenuto appunto con della paraffina liquida a una temperatura di circa 50 °C.

La paraffina, una volta raffreddata e solidificata, assorbiva tutto ciò che si trovava sulla superficie della pelle ma l'analisi successiva distruggeva il calco della mano, e perciò anche la possibilità di ripetere l'esame.

Una vera rivoluzione è arrivata con l'avvento del microscopio elettronico a scansione o Sem, grazie al quale è possibile effettuare l'analisi morfologica di oggetti di dimensioni dell'ordine del micron. Se si associa poi al microscopio la tecnica della fluorescenza a raggi X, diventa possibile identificare i singoli elementi che compongono la materia esaminata.

Questo è fondamentale perché si è scoperta l'esistenza di piccolissime particelle che contengono piombo, bario e antimonio fusi insieme, prodotte esclusivamente per le particolari condizioni fisiche e chimiche che si realizzano nello sparo. Con il solo guanto di paraffina non era possibile capire se gli elementi fossero fusi in un'unica particella o separati. Infine il Sem dà l'enorme vantaggio di poter ripetere l'esame.

Anche la tecnica di prelievo delle tracce è migliorata, e ora si utilizza lo stub, un particolare tampone dotato di una sostanza adesiva che, premuta sulla pelle o sui tessuti, asporta tutte le particelle presenti; e poi, una volta preparata con una speciale metallizzazione, può essere passata al microscopio elettronico.

Ma c'è un'ultima rivoluzione nel campo della balistica che vale la pena citare. Si chiama Ibis, Integrated Ballistic Identification System, ed è un sistema totalmente automatizzato in grado di archiviare, ricercare e confrontare tutte le informazioni tecniche e investigative sui bossoli e i proiettili raccolti sulla scena di un crimine, oppure ottenuti sperimentalmente con le armi sequestrate.

Le impronte che le parti meccaniche dell'arma lasciano sui proiettili sono prodotte dalla rigatura della canna e, per quanto riguarda i bossoli, dal meccanismo di percussione e di espulsione.

Con un microscopio e un sistema di cattura digitale si acquisiscono immagini ad alta risoluzione di proiettili e bossoli esplosi, se ne analizzano tutte le caratteristiche e si trasformano i dati in un codice di segnatura, una specie di targa in grado di identificare le tracce caratteristiche lasciate dalle armi che li hanno esplosi.

Ogni volta che viene portato in laboratorio un nuovo reperto, i dati vengono immediatamente confrontati con quelli già presenti nell'archivio, e il sistema produce una lista ordinata di candidati, che appare con probabilità decrescente sullo schermo del computer dell'esperto balistico. Spetta sempre al tecnico confermare o meno la presenza di una o più corrispondenze, e un confronto è positivo quando è visibile la continuità, tra un proiettile e l'altro o tra un bossolo e l'altro, delle micro e macrostrie rilevate sul corpo del proiettile.

IV

I modi della morte
Esplosivi e incendi dolosi

Il caso di Timothy McVeigh

La bocca serrata. Impassibile. Nella fotografia Timothy McVeigh porta i capelli tagliati corti, indossa pantaloni kaki, pantofole di gomma e una maglietta bianca. È molto dimagrito negli ultimi mesi.

La bocca serrata.

È pronto a morire, ha detto. Ha salutato la famiglia al telefono. Poi ha consumato l'ultimo pasto, due grandi coppe di gelato.

Si sdraia da solo sul lettino della morte del carcere di Terre Haute, nell'Indiana. L'endovena gliela iniettano nella gamba destra. È composta da nomi solubili nella memoria, nomi inquietanti, Tiopentale sodico, Pancuronio bromuro e Cloruro di potassio. Difficili da ricordare. Il primo viene iniettato in dose letale e seda la persona. Il secondo è rilassante, un antispastico. L'ultimo blocca il battito cardiaco.

Dopo qualche minuto Timothy viene dichiarato morto.

Il corpo viene immediatamente rimosso dalla camera dell'esecuzione e consegnato ai familiari per la cremazione, come richiesto dal condannato. McVeigh ha lasciato come messaggio di addio la poesia di un poeta inglese dell'Ottocento. La poesia termina così: «Sono il padrone del mio destino, il capitano della mia anima». Ha consegnato il testo scritto a mano da lui stesso, ma non ha detto una sola parola.

La bocca serrata.

All'esecuzione hanno assistito una trentina di persone tra parenti delle vittime, giornalisti, e gente scelta da lui stesso. La sua morte è stata seguita anche da circa duecentocinquanta parenti e amici delle vittime attraverso una Tv a circuito chiuso, con tanto di voce fuori campo a commentare e descrivere l'avvenimento. Lo stesso McVeigh ha dichiarato di essere favorevole alla diretta televisiva: «È stato detto» ha scritto «che tutta Oklahoma è stata vittima della bomba, quindi tutta la città dovrebbe aver diritto di vedere».

Timothy è morto con gli occhi aperti. Ha guardato la telecamera collegata con Oklahoma City e ha guardato gli spettatori presenti.

È l'11 giugno 2001.

Non è un tipo qualunque, Timothy McVeigh. Ha trentatré anni, è un reduce, ha combattuto durante la Guerra del Golfo, è un reduce arrabbiato, appartiene a una milizia di estrema destra, è molto arrabbiato, è un neonazista. È un terrorista. È l'esecutore materiale dell'attentato del 19 aprile 1995 all'Alfred P. Murrah Federal Building di Oklahoma City, un edificio di uffici governativi.

Quel 19 aprile è una mattina piena di sole. Timothy parcheggia un furgone nello spiazzo di fronte all'entrata dell'edificio. Il furgone è stato affittato, è una vettura vistosamente gialla della Ryder, un'agenzia di noleggio.

Con fare noncurante, Timothy scende dalla cabina e si allontana. Qualche minuto dopo, alle 9.02, una tremenda esplosione fa sussultare il terreno. Il furgone salta in aria divorando un terzo del palazzo che si sbriciola al suolo tra polvere, vetro e calcinacci. I piani superiori crollano sul vuoto che si è creato con l'esplosione e travolgono i passanti.

Quando le prime sirene di soccorso riempiono l'aria, Timothy è già lontano e non sente nulla, anche perché ha inserito dei tappi nelle orecchie per proteggerle dal boato.

Nell'attentato muoiono 168 persone, e tra quelle ci sono 19 bambini. I feriti sono più di 500.

Una di queste persone, Dana Bradley, rimane incastrata per cinque ore con la gamba schiacciata dal cemento. C'è pericolo di crollo e per salvarla devono amputarle l'arto. Non le possono praticare l'anestesia perché potrebbe cadere in coma e finalmente riescono a portarla lontano. Ma sotto le macerie rimangono una parte della sua gamba, sua madre e i suoi due bambini.

Mentre i soccorsi proseguono, c'è un agente di pattuglia che perlustra la zona intorno a Oklahoma City, a settantacinque miglia dal luogo. È passata circa un'ora e mezzo dal disastro, quando l'agente Charlie Hanger nota una Mercury gialla che circola senza targa. Ferma il veicolo e intima al conducente di scendere. Dall'auto esce un ragazzo di ventisette anni, alto e con i capelli corti.

Impassibile. La bocca serrata.

Si chiama Timothy McVeigh. Dice di non avere la targa perché ha comperato l'auto da poco, e non ha nemmeno la prova dell'acquisto perché gliela stanno spedendo a casa. Però ha con sé la patente, la estrae dal giubbotto e la mostra all'agente. Nel fare questo movimento rivela un rigonfiamento sotto la giacca.

«Che cos'è?» chiede l'agente.

«Una pistola» risponde McVeigh.

L'agente Hanger sa fare il suo mestiere. Per sicurezza punta immediatamente la propria arma d'ordinanza alla testa di Timothy e gli confisca la pistola insieme alle munizioni e a un coltello. Timothy spiega di avere regolare licenza di porto d'armi, ma l'agente intanto lo ammanetta e lo fa salire nell'auto di pattuglia, così adesso può contattare con calma la centrale e fare le dovute ricerche. Sa fare il suo mestiere l'agente Hanger.

Timothy McVeigh risulta incensurato, ma il porto d'armi rilasciato a New York non è valido in Oklahoma. L'agente Hanger perquisisce anche l'auto ma non trova nulla di rilevante. Allora chiude la portiera e trasporta Timothy alla prigione della contea. Durante il tragitto il giovane cerca di disfarsi di un biglietto da visita che appartiene a un tizio, un certo Paulson. Il biglietto può essere compromettente, perché sopra c'è scritto qualcosa di strano.

«Servono più candelotti di dinamite» c'è scritto. «Chiamare dopo il primo maggio per averne altri.»

Mentre Timothy attende in cella che il giudice sia disponibile a trattare il suo caso, le indagini proseguono. L'indirizzo sulla sua patente risulta essere quello di una fattoria che appartiene a un altro tizio, un certo Terry Nichols, che sta nel Michigan. Vengono fatti i dovuti accertamenti.

Intanto alla sezione di Scienze del comportamento dell'Fbi, in Virginia, cercano di dare una spiegazione a quello che è accaduto all'Alfred P. Murrah Federal Building di Oklahoma City. All'inizio si pensa all'atto terroristico di alcuni islamici ma poi, valutando meglio fatti e indizi, i profiler dell'Fbi arrivano a redigere il profilo psicologico di un bianco, giovane, con poco più di una ventina d'anni, appartenente alle cosiddette Milizie, i gruppi di estrema destra degli Stati più conservatori che combattono contro il controllo del governo federale.

Vengono fatte alcune supposizioni. La data dell'attentato è il 19 aprile 1995. Due anni prima, lo stesso giorno, c'era stata la strage di Waco, che aveva visto finire nel sangue un'azione del governo federale contro la setta religiosa dei davidiani, accusati di nascondere armi nella loro residenza. Inoltre, proprio quel giorno ricorre il festeggiamento del Patriot's Day che celebra una famosa battaglia svoltasi durante la rivoluzione americana, duecento anni prima. È un festeggiamento celebrato dalle Milizie.

Poi c'è ancora un'altra pista: l'attentato potrebbe rappresentare la vendetta per l'esecuzione di Richard Snell, un attivista della comunità neonazista di Elohim City, avvenuta proprio la mattina del 19 aprile 1995. Snell è un «suprematista», un razzista estremista, sta in Arkansas, e nel 1984 ha ucciso un poliziotto e un uomo d'affari di origine ebraica. Nel 1983 ha pianificato un attentato, mai messo in atto, proprio al Murrah Federal Building.

Intanto, oltre al lavoro dei profiler, c'è quello degli investigatori e degli operatori della scientifica. Sul luogo dell'attentato viene ritrovato il paraurti del furgone esploso. Dalla targa si risale al noleggio Ryder. Il titolare del noleggio viene interrogato insieme ai suoi dipendenti e, in base alle loro dichiarazioni, viene fatto l'identikit di un tizio, un certo Robert Kling, che avrebbe noleggiato il furgone giallo. Con l'identikit a disposizione gli investigatori battono l'intera zona. La titolare di un motel si ricorda di quell'uomo. Dice loro che sì, lei lo ha visto, è stato nel suo motel. Lo ha anche visto parcheggiare un furgone giallo. Giallo come la Mercury con la quale è arrivato in albergo.

Ma per lei non si chiama Robert Kling. Nel suo motel si è registrato con un altro nome.

Timothy McVeigh.

E ha dato come indirizzo di riferimento la fattoria dei Nichols.

La notizia arriva allo sceriffo che sta trattenendo Timothy in attesa del giudice. Gli viene ordinato di trasferirlo subito in un posto più sicuro. Intanto anche Terry Nichols viene arrestato in Kansas e incriminato formalmente per lo stesso attentato. Le accuse sono durissime, per tutti e due. Cospirazione. E strage.

Ma cosa ha portato uno come Timothy McVeigh a compiere un gesto così spaventoso?

A diciotto anni Timothy viene segnato dalla visione del film *Alba rossa*, e dalla lettura dei *Diari di Turner*.

Alba rossa è un film del 1984 di John Milius, quello di *Un mercoledì da leoni*, e ha come protagonisti Patrick Swayze e Charlie Sheen, ancora molto giovani. Si apre con un gruppo di carri armati russi che passano sotto le insegne della Coca-Cola e racconta dell'invasione degli Stati Uniti da parte dell'Unione Sovietica. Un gruppo di ragazzi riesce a fuggire sulle montagne per organizzare la resistenza e lottare contro gli invasori comunisti. *I diari di Turner*, invece, è un libro scritto da un tizio, un certo William L. Pierce, sotto lo pseudonimo di Andrew MacDonald, ed è un violento romanzo razzista. Pubblicato nel 1978, racconta la presa del potere negli Stati Uniti da parte di un gruppo razzista che predica la superiorità della razza bianca. È un vero e proprio manifesto programmatico, un prontuario che fornisce schemi per azioni terroristiche. Può benissimo essere usato come manuale teorico-pratico per mettere in atto un colpo di Stato. Le modalità dell'attentato compiuto da Timothy a Oklahoma City sono simili a quelle di un evento descritto nel libro, dove il protagonista, utilizzando un furgone carico di tritolo, fa esplodere una sede dell'Fbi a Washington. Il gruppo razzista suprematista più attivo negli Stati Uniti è il National Alliance, il cui leader storico è appunto William Pierce.

Il suprematismo rappresenta la frangia estrema dei razzisti, a un passo dal neonazismo. I suprematisti agiscono perlopiù da soli, sono fanatici che provano un odio profondo verso tutte le minoranze. In qualche raro caso formano dei gruppi, affini alle milizie, ma sempre piuttosto localizzati, assai legati al territorio. Negli Stati Uniti esiste da tempo un terrorismo interno molto attivo, molto ricco e molto armato, tanto che certe reti di gruppi di estrema destra possono contare anche su armi da guerra. Una lunga catena di violenze legate all'estrema destra ha caratterizzato la storia americana degli ultimi dieci anni. Le sparatorie fra polizia e gruppi paramilitari sono all'ordine del giorno e in molte zone le autorità non hanno i mezzi per dare la caccia ai miliziani.

Che non odiano soltanto «negri», «giudei», «messicani» e «cinesi». Odiano anche il governo, soprattutto le due organizzazioni che danno la caccia alle Milizie.

L'Fbi e l'Atf.

L'Fbi lo conoscono tutti, è il Federal Bureau of Investigation, la polizia federale, che può intervenire in ogni Stato togliendo un'inchiesta alla polizia locale, e ha ingaggiato diverse battaglie con i suprematisti bianchi. Il Bureau of Alcohol, Tobacco and Firearms, meglio conosciuto come Atf, interviene invece in tutti i casi di possesso improprio di armi da fuoco. È entrato in azione anche nel febbraio del 1993, contro i davidiani di Waco insieme all'Fbi. Timothy odia sia l'Fbi che l'Atf, e lo dice chiaramente. Quando ne parla, giustifica il suo atto terroristico come una vendetta contro il governo federale ritenuto responsabile della strage avvenuta a Waco.

I suprematisti bianchi tra loro si chiamano «patrioti» e si vedono come difensori della libertà americana. Una delle credenze suprematiste è che lo Stato, complice di agenzie di spionaggio straniere, aggredisca la comunità bianca. I suprematisti diffidano di tutti quelli che non sono come loro, di tutti quelli che non sono bianchi. Ne hanno paura. Di più. Li odiano. Nell'ideologia suprematista si è riversata la teoria nazista della superiorità della razza ariana. Sono idee che guadagnano consensi sempre maggiori, specialmente negli ambienti legati a un certo concetto di ordine, come quelli dell'esercito e della polizia.

Nell'inverno del 1992 Timothy ha ventiquattro anni ed è un sergente appena congedato dall'esercito. Ha combattuto nella Guerra del Golfo. Ha servito gloriosamente la sua nazione. Ma non ne è orgoglioso, è amareggiato.

Amareggiato per come sono andate le cose, per la sua condizione di reduce, per il fatto che non è più nell'esercito e l'esercito non era comunque quello che lui si aspettava. Per Timothy le armi e la disciplina sono importanti. Sono tutto. È convinto che un cittadino americano non possa far valere i propri diritti senza avere un'arma in casa. Ha lasciato gli studi per arruolarsi.

È nell'esercito che Timothy conosce due tizi, Michael Fortier e Terry Nichols, suoi commilitoni. Terry è più anziano di lui di dodici anni. Viene chiamato «vecchio» dalle altre reclute, è sposato e ha un figlio, gli piacciono le armi ma non la disciplina militare. Nessuno è perfetto. Michael invece ha quasi la stessa età di Timothy ma ha un carattere completamente diverso. Si droga, droghe leggere, spinelli, e questa è una cosa che a Timothy non piace per niente. Ma nessuno è perfetto. Quando Nichols lascia l'esercito, l'amicizia tra Timothy e Michael si fa più stretta.

Timothy è un soldato modello, zelante e coscienzioso, si fa notare dagli istruttori e riceve un invito a presentarsi per le forze speciali. Ha buone opportunità di entrare a far parte dei Berretti verdi, i mitici Berretti verdi, ma inizia la guerra a Saddam Hussein, la Guerra del Golfo. Timothy parte per il Kuwait e si distingue come tiratore scelto del suo plotone. Per questo riceve anche degli encomi e delle medaglie. Quando torna a casa vuole riprendere subito la carriera militare, vuole provare a entrare nelle forze speciali, i Berretti verdi, i mitici Berretti verdi. Ma i suoi superiori glielo sconsigliano. Dopo essere stati in guerra per davvero è meglio far passare un po' di tempo per smaltire la tensione e ottenere di nuovo la giusta prontezza fisica e lucidità mentale. Timothy però ha fretta. I Berretti verdi, i mitici Berretti verdi. Non ascolta il consiglio e procede. Ma alle selezioni sbaglia una prova di ammissione e viene scartato.

A questo punto comincia a disinteressarsi alla vita militare e cerca di vivere come civile, ma non è facile per uno come lui, con le sue idee. E poi c'è anche il fatto che comunque, per un reduce di guerra, non è mai facile trovare un lavoro. Dopo aver lasciato l'esercito, Timothy rimedia un impiego come guardia giurata, ma è sempre più amareggiato. Senza la disciplina dell'esercito sente di aver perso la propria identità. Da questo momento *I diari di Turner* assumono per lui un'importanza enorme.

Manda un'angosciata, furente lettera al giornale del suo paese. Scrive che l'America fa schifo, che i politici sono tutti ladri, che il sogno americano è diventato un incubo di tasse e ingiustizia, che in America gay e neri, ma lui scrive «froci» e «negri», hanno maggior considerazione di un onesto lavoratore bianco. Lascia il lavoro e vaga per l'America cercando di dare un senso alla propria vita, quindi decide di riallacciare i rapporti con i suoi vecchi amici.

Terry Nichols e Michael Fortier.

È il 1993, Timothy ha venticinque anni. C'è una cosa che lo sconvolge in quell'anno. La strage di Waco.

Nel ranch di Mount Carmel, vicino a Waco, nel Texas, c'è una strana setta religiosa. Si fanno chiamare «davidiani» perché seguono le regole un po' hippie, un po' neocristiane e un po' new age di quello che i giornali definiscono il «messia peccatore», David Koresh. I federali si sono convinti che la setta faccia traffici strani con armi e droga e il 28 febbraio vanno in forze al ranch, con l'intenzione di farci irruzione e perquisirlo. Forse i davidiani non hanno la droga ma hanno le armi e fanno resistenza. Inizia un assedio di cinquantun giorni, finché il 19 aprile, verso le sei del mattino, succede qualcosa. Si sentono esplosioni, si sentono spari, si alzano le fiamme dal ranch e in poco tempo crolla tutto e settantasei davidiani bruciano vivi. Un suicidio di massa, questa è la spiegazione ufficiale.

Timothy non ci crede. Non solo, vede in questo evento una violazione dei diritti dei comuni cittadini di poter detenere armi liberamente. Va sul posto, a Waco, per manifestare il proprio dissenso contro il governo e vende adesivi con frasi inquietanti.

«Temi il governo che teme la tua pistola.»

«Un uomo con una pistola è un cittadino, un uomo senza pistola è un suddito.»

A Waco c'è una giornalista e Timothy le rilascia alcune dichiarazioni furenti. Inveisce contro il governo che secondo lui vuole limitare l'utilizzo delle armi da parte dei cittadini per poterli controllare. La gente deve prepararsi a difendersi contro questo strapotere del governo, delle razze inferiori e delle agenzie di spionaggio straniere.

Finita l'attività a Waco, Timothy visita alcune fiere di armi da fuoco, come ce ne sono tante, negli Stati Uniti. Durante una di queste occasioni conosce un tizio, un appassionato di armi, un certo Roger Moore, che nel suo ranch ha un vero e proprio arsenale. Armi di tutti i tipi, là nel ranch. Praticamente incustodite.

Timothy va a vivere nella fattoria dei fratelli Nichols. Insieme a loro impara a costruire bombe artigianali. Si convince a quel punto che sia arrivato il momento di agire. E si ricorda del ranch di Roger Moore e insieme a Terry Nichols organizza una spedizione per rubargli le armi. Coinvolgono anche Michael Fortier, utilizzando un deposito vicino a casa sua per nascondere il materiale esplosivo.

Timothy costruisce una bomba in quel deposito. Gli serve un combustibile, l'idrazina. Fa alcune telefonate ma si rende conto che è troppo costoso, così opta per un equivalente: il nitrometano. La bomba viene quindi composta essenzialmente da nitrato di ammonio e nitrometano. Il nitrato di ammonio è un materiale utilizzato soprattutto come fertilizzante agricolo ma che in mani esperte può essere innestato in un detonatore e facilita la combustione. Il nitrometano è un materiale altamente volatile usato anche nell'automodellismo da corsa come additivo del combustibile.

Fatta la bomba, Timothy e gli altri mettono a punto il piano.

Timothy parcheggia la sua Mercury non lontano dall'edificio governativo e Nichols lo aiuta a sistemare la bomba nel furgoncino del noleggio Ryder, poi torna a casa. Timothy passa la notte in un motel, e la mattina dopo va sul luogo dell'attentato.

Addosso ha la sua maglietta preferita. Sopra c'è un albero che gocciola sangue e c'è anche una scritta, «L'albero della libertà deve essere rinverdito di tanto in tanto con il sangue dei patrioti e dei tiranni».

Alle 9.02 del 19 aprile 1995 a Oklahoma City si scatena l'inferno.

Timothy viene processato per la strage. Effettivamente non c'è nessun testimone che lo abbia visto sulla scena del crimine. Ma l'accusa porta comunque diverse prove, e tra queste ci sono le tessere telefoniche attraverso le quali si sono localizzati i vari spostamenti di Timothy, le sue impronte digitali sugli scontrini per l'acquisto del materiale servito a costruire la bomba e residui di esplosivo sui suoi abiti.

Al processo la moglie di Michael, Lori Fortier, dichiara che Timothy le ha mostrato come si può fabbricare una bomba e che lei stessa ha falsificato una patente per lui a nome di un tizio, un certo Robert Kling, il nome usato per noleggiare il furgoncino Ryder.

Michael Fortier non è un buon testimone a discarico. Con i suoi interventi in tribunale dimostra tutta la sua devozione nei confronti dell'amico Timothy e inoltre depone in maniera nervosa e concitata e non fa che peggiorare la situazione. Arriva a pronunciare frasi incredibili.

«Se non consideriamo quello che è accaduto a Oklahoma City, Tim è una brava persona.»

La giuria non se ne fa certo una buona opinione. A Michael Fortier viene contestato il reato di favoreggiamento.

Sapeva dell'attentato che Timothy stava preparando e non l'ha impedito. Bastava una telefonata alla polizia. Non c'è molto da dire, Michael è costretto ad ammettere l'evidenza e viene condannato a dodici anni di reclusione.

Però c'è qualcosa che non quadra. Secondo una pubblicazione a cura di un istituto di investigazione del Pentagono, l'esplosione a Oklahoma City è stata causata da più bombe. Il rapporto stilato dagli esperti del Pentagono conclude che la distruzione del palazzo federale della città è avvenuta per opera di cinque bombe poste alla base dei pilastri. Alcuni esperti hanno escluso che un danno di tale portata possa essere stato causato da un'autobomba carica di nitrato di ammonio e nitrometano come sostiene l'accusa e ha confermato lo stesso Timothy. E poi c'è il sismografo dell'Università di Oklahoma, che ha registrato più di un impulso da esplosione. Altra stranezza, fatta notare da qualcuno. Al momento dell'esplosione, nessun agente dell'Atf né dell'Fbi era presente negli uffici governativi del palazzo. Proprio quegli agenti che Timothy avrebbe voluto colpire nel suo atto violento contro il governo. La conclusione del rapporto è che Timothy McVeigh, pur prendendo parte all'attentato, è stato usato come capro espiatorio da un'entità terroristica non identificata.

Qualunque sia la verità, la giuria ci mette tre giorni per decidere il verdetto.

Il 14 agosto 1996 Timothy McVeigh viene dichiarato colpevole dei reati di strage e cospirazione e condannato a morte. Il 23 dicembre 1997 Terry Nichols viene dichiarato colpevole di cospirazione e di strage colposa. Il giudice Richard Matsch promette a Nichols la concessione delle attenuanti in cambio della sua collaborazione alle indagini. Nichols respinge la richiesta e viene condannato all'ergastolo nel giugno del 1998. Finora è sfuggito alla pena di morte ma un nuovo processo si è aperto per lui il 1° marzo 2004.

Timothy dichiara di non provare alcuna pietà per le sue vittime né per i loro familiari e definisce i bambini uccisi nella strage «un danno collaterale». La data dell'esecuzione viene fissata per il 16 maggio 2001.

Sono molte le richieste di sospendere la pena, anche da parte di Amnesty International e del papa Giovanni Paolo II. Ma nessuno di loro viene ascoltato. La portavoce del presidente Bush riferisce che il presidente potrebbe prendere in considerazione la grazia di un condannato a morte solo in caso di dubbi sulla sua responsabilità nel reato oppure di vizi del processo. E che il caso di Timothy McVeigh non rientra in nessuna di queste ipotesi.

A pochi giorni dall'esecuzione, l'Fbi informa di avere involontariamente sottratto alla difesa del terrorista elementi di prova durante il processo, spiegando che l'errore è stato scoperto mentre l'ufficio federale stava archiviando dei documenti. La data dell'esecuzione viene spostata all'11 giugno 2001. La corte decide però che l'esame di quei documenti non porterebbe nuove informazioni. Timothy McVeigh resta comunque il colpevole della strage di Oklahoma City.

11 giugno 2001. Ore sette e quattordici minuti.

Impassibile.

La bocca serrata.

Timothy si stende tranquillo e silenzioso sul lettino di morte. «Sembra felice, e dice di essere pronto a morire» dichiara il padre ai giornalisti. Aggiunge anche che in punto di morte Timothy si è rifiutato di chiedere perdono ai familiari delle vittime della strage.

«Dice che se si fosse scusato avrebbe reso felice molta gente. Ma avrebbe mentito.»

Nel frattempo fuori dalle mura del carcere di Terre Haute, nell'Indiana, dove si sta svolgendo l'esecuzione, si fanno affari di ogni tipo con i gadget su Timothy, come succede sempre in queste occasioni. Migliaia di giornalisti si accampano in tende e tendoni, i residenti della zona affittano spazi per parcheggiare, gli alberghi sono completamente pieni.

Qualcuno vende magliette con una siringa disegnata. Sopra c'è scritto: «Ospitalità dell'Indiana».

Bombe

Mai come oggi sembra essere semplice fabbricare ordigni esplosivi, grazie alle «istruzioni» diffuse su Internet e alla relativa facilità con cui si possono recuperare i componenti base. Ma proprio per questo gli investigatori e gli esperti hanno il compito fondamentale di prevenire gli attentati da un lato, e dall'altro di saper leggere e interpretare le tracce di un'esplosione: perché nelle tracce c'è sempre qualcosa del criminale. E il criminale bisogna assolutamente fermarlo.

Il primo professionista che arriva sulla scena di un'esplosione sa già che deve seguire un protocollo ben preciso: il passaggio iniziale riguarda il soccorso ai feriti, il controllo dell'incendio e la sicurezza degli edifici che possono essere stati coinvolti. Poi occorre recuperare i corpi delle vittime, che non è soltanto un'operazione drammatica e triste, ma fa già parte delle indagini; perché uno dei cadaveri potrebbe essere proprio quello dell'attentatore.

Si passa quindi a fissare lo stato dei luoghi, documentando la scena con annotazioni scritte, rilievi planimetrici, foto e video, che permetteranno poi di ricostruirla con precisione.

Terminate le operazioni preliminari si divide la zona in settori e si inizia a esplorarla, con un'attenzione particolare per il cratere generato dalla deflagrazione, perché già le dimensioni possono dare un'idea del tipo e del quantitativo di esplosivo impiegato. Non si trascura nulla, nessun elemento, anche se apparentemente estraneo alla scena, perché potrebbe poi rivelarsi un componente dell'ordigno, come i frammenti metallici o plastici del contenitore della carica, le micce, le batterie, i temporizzatori, i congegni elettrici ed elettronici e tutto ciò che in origine poteva trovarsi nelle vicinanze del cratere.

Sui campioni che arrivano in laboratorio gli esperti non si limitano alle indagini di carattere esplosivistico, ma avviano anche esami di tipo biologico, cercano di evidenziare la presenza di impronte latenti, oppure di altre tracce, come ad esempio le fibre di una sacca sportiva o i frammenti di cuoio di una valigia, i possibili contenitori dove l'ordigno è stato trasportato.

I risultati devono portare a ipotesi investigative, rispondendo anzitutto ad alcune domande: quali materiali sono stati utilizzati nella costruzione dell'ordigno? L'esplosione è da considerare accidentale o dolosa? E se dolosa, qual era il suo obiettivo, il bersaglio, la vittima? Quale il livello di preparazione e conoscenza del criminale? Dove ha trovato il materiale necessario a confezionare l'ordigno? Dove l'ha costruito? Dove è stato piazzato e come è stato fatto esplodere?

Dal punto di vista tecnico, gli esplosivi non sono altro che sostanze, composti o miscele capaci, se esposti al calore, a urti, all'attrito o ad altri stimoli, di generare una reazione chimica pressoché istantanea, con un rapido sviluppo di calore e gas, e con un fortissimo aumento di pressione.

Gli esplosivi si possono suddividere in due grandi categorie, a basso e ad alto potenziale. I primi danno origine a fenomeni di combustione piuttosto che di scoppio e il danno da essi provocato è dovuto principalmente alla rapida espansione dei gas generati dalla combustione stessa. Hanno poi bisogno di essere chiusi in un contenitore per poter esplodere, a differenza dei composti ad alto potenziale, che, oltre a presentare una maggiore velocità di detonazione, non richiedono di essere confinati.

Tra gli esplosivi a basso potenziale, il più diffuso è senz'altro la polvere da sparo o polvere nera. Le prime notizie certe sulla polvere nera risalgono al XIV secolo, e il suo utilizzo nelle armi da fuoco è originariamente limitato all'accensione, all'innesco. In seguito fu adottata come carica di lancio. Questo almeno fino al 1884, quando il progresso porta all'invenzione degli esplosivi alla nitroglicerina e nitrocellulosa.

Oggi uno degli impieghi più frequenti della polvere nera è nella fabbricazione delle micce di sicurezza, composte appunto di polvere rivestita da uno strato di tessuto di cotone e iuta, a sua volta coperto da materiale impermeabilizzante e da una guaina in plastica. Le micce fabbricate in questo modo bruciano a una velocità conosciuta, che però può sempre essere influenzata da fattori come l'umidità e l'altitudine.

Nel 1884 Paul Vieille scopre che, miscelando la nitrocellulosa con etere e alcol, si ottiene un composto tre volte più potente della polvere nera, la polvere senza fumo, che ha il grande vantaggio di emettere con la combustione solo prodotti gassosi. Vengono studiati molti altri tipi di polveri senza fumo, e oggi ne sono in commercio due varietà, a singola e doppia base, contenenti rispettivamente solo nitrocellulosa oppure nitrocellulosa in combinazione con nitroglicerina. Polvere nera e senza fumo costituiscono spesso l'ingrediente principale nella fabbricazione di tubi esplosivi, le cosiddette pipe-bomb, utilizzati dai criminali.

Gli esplosivi ad alto potenziale a loro volta possono essere distinti in esplosivi primari e secondari. I primari scoppiano se sottoposti al calore o a urti, e di solito si utilizzano per costruire detonatori in grado di innescare cariche di maggiore potenza e impegno, come appunto gli esplosivi secondari. Questi ultimi presentano una velocità di deflagrazione spaventosa, che va dai mille metri al secondo per il nitrato d'ammonio, agli oltre novemila metri al secondo per l'Hmx, noto ai chimici con il più impegnativo nome di ciclotetra-metilene-tetranitramina.

Sono molti i prodotti ad alto potenziale impiegati per scopi industriali e militari e alcuni di questi si ritrovano sulle scene delle esplosioni criminali più facilmente di altri. La nitroglicerina, ad esempio, scoperta nel 1847 ma pressoché inutilizzabile fino al 1867, quando Alfred Nobel riesce a darle maggiore stabilità inventando la dinamite, un composto costituito per il 75 per cento da nitroglicerina e per il 25 per cento da farina fossile.

In campo militare è piuttosto diffuso invece il trinitrotoluene, o Tnt; rispetto all'impiego civile, questi composti studiati per l'uso bellico presentano caratteristiche di grande maneggevolezza, come la relativa resistenza all'urto, al calore, all'attrito e all'impatto di proiettili, e possono essere utilizzati anche in situazioni particolari, persino in acqua.

Ma la loro facilità d'uso, inevitabilmente, li rende uno strumento di morte ideale nelle mani di assassini e terroristi.

Era partito da Francoforte, destinazione New York via Londra, il 21 dicembre 1988: Pan American volo 103, un Boeing 707 con 243 passeggeri a bordo e 16 uomini di equipaggio.

Alle 18.56 l'aereo raggiunge regolarmente la quota di crociera di 9500 metri, sorvolando il Sudovest della Scozia.

Alle 19.03 il segnale del velivolo scompare dagli schermi radar, sostituito da una cascata di piccole tracce evanescenti. Sono frammenti che si abbattono sulla cittadina di Lockerbie, che distruggono case e aggiungono altre 11 vittime alle 259 che erano a bordo del Boeing.

L'aereo si è disintegrato in volo e ad alta quota, e questo lo mostrano già i primi rilievi medicolegali che segnalano gravissimi danni da decompressione nei polmoni delle vittime. Ma non basta: per capire che cosa è realmente accaduto, bisogna ricostruire l'intero velivolo, i cui rottami sono sparsi su un'area vastissima. Si raccolgono più di quattro milioni di frammenti.

In un hangar i tecnici assemblano il 90 per cento della struttura, e i primi risultati li lasciano perplessi: nessun segno di cedimento strutturale, nessun problema dall'esame della scatola nera, così come non c'era stata nessuna segnalazione radio prima dell'interruzione improvvisa del collegamento.

A questo punto si fa strada l'ipotesi dell'attentato, e si cercano i segni di un danno da esplosione. Si scoprono nel vano bagagli della zona anteriore e, dalle analisi di laboratorio, tutto sembra ricondurre a una valigia marrone che conteneva un riproduttore di cassette Toshiba. Dentro a questo del semtex, l'esplosivo più usato dai gruppi terroristici internazionali.

Impiegato per la prima volta nel 1966 in Vietnam, deve il suo nome al villaggio di Semtin, in Boemia, dove è stato scoperto da Stanislaw Berbera. È un composto di eccezionale stabilità, fatto di ciclonite (Rdx) e tetranitrato di pentaeritrite; in più ha una durata praticamente illimitata, non viene rilevato dai normali controlli di sicurezza negli aeroporti e lo si può trovare con buona facilità sul mercato.

Gli ingegneri forensi proseguono nel loro lavoro, ricostruiscono modelli, simulano esplosioni tra i bagagli, fino a stabilire che la valigia incriminata è stata caricata a Francoforte. Qui intervengono altri investigatori che analizzano le fibre provenienti dagli indumenti contenuti nella valigia e riescono a stabilire che sono stati acquistati a Malta, e precisamente da un cittadino libico che non risulta essere salito a bordo, mentre aveva caricato regolarmente i suoi bagagli.

Dopo anni di indagini vengono identificati come responsabili materiali della strage Abdel Basset Al-Megrahi e Al-Amin Khalifa Fahima, presunti agenti dell'intelligence libica. Solo nel 1998 la Libia accetta che il processo ai due uomini si svolga in un paese neutrale; il 31 gennaio 2001 Abdel Basset Al-Megrahi, l'agente dei servizi segreti libici riconosciuto colpevole della strage di Lockerbie, viene condannato all'ergastolo da una corte scozzese a Camp Zeist, in Olanda. Dovrà trascorrere vent'anni nel carcere di Barlinnie, a Glasgow, prima di poter chiedere la libertà vigilata. L'altro imputato, Al-Amin Khalifa Fahima, viene prosciolto da ogni accusa e fa rientro nel paese natale a bordo di un aereo delle Nazioni Unite.

La tragica esperienza del volo Pan Am 103 ha rivoluzionato gli apparati di sicurezza negli aeroporti, con controlli più accurati, lo sviluppo di nuovi strumenti di rilevazione degli esplosivi, e la segnalazione di tutti i bagagli sospetti o di cui non è immediatamente identificabile il possessore.

Il semtex dell'attentato al volo 103 della Pan Am rientra fra quelli che vengono comunemente chiamati esplosivi al plastico, dove il componente principale è l'Rdx o ciclonite, miscelato ad altre sostanze esplosive e plastificanti, come nel caso della composizione C; inizialmente la formula C1 e C2 è stata studiata per gli interventi di demolizione, soppiantata in uso militare prima dal C3 e in seguito dal celebre C4.

Ma non dobbiamo pensare che l'indisponibilità di esplosivi commerciali o militari possa scoraggiare un criminale che sia determinato a commettere un delitto. Non è difficile recuperare un certo numero di prodotti chimici che, opportunamente mescolati, permettano di costruire un ordigno tanto artigianale quanto devastante. Lo ha fatto Timothy McVeigh, ma non è stato il solo.

Naples, Florida, la mattina del 9 luglio 1985.

Steven Benson ha trovato finalmente il posto ideale per costruire la nuova residenza di famiglia. Carica la sua

Chevrolet Suburban di picchetti per delimitare il terreno e si dirige verso il primo drugstore aperto. Qui compra caffè e dolci per la colazione dei suoi e ritorna a casa.

Tutto sembra pronto, e nell'auto salgono la madre di Steven, sua sorella Carol Lynn e il fratello adottivo Scott.

Ma Steven si è dimenticato qualcosa, un metro a nastro, e rientra di nuovo in casa a cercarlo mentre Scott prende il suo posto alla guida e accende il motore.

Un giro di chiave e la Chevrolet esplode, si spezza letteralmente in due e va a fuoco, trasformandosi in una bara per gli occupanti. Solo Carol Lynn sopravvive, anche se gravemente ferita.

Ci sono pochi dubbi sull'origine dolosa e non certo accidentale dell'esplosione, e sono presto risolti. Ma agli investigatori spetta ora un compito più difficile: devono riuscire a capire chi ha voluto commettere un omicidio tanto clamoroso. Certo l'atteggiamento di Steven non sembra quello di chi ha appena visto morire la madre e il fratello.

E poi si scopre che la famiglia era benestante, anzi molto ricca.

Viene chiamata la squadra speciale che si occupa di esplosivi, che inizia a setacciare la scena del delitto e i resti dell'auto; presto si recupera quello che resta di un tubo in metallo, filettato a entrambe le estremità e chiuso con due tappi che riportano le iniziali della fabbrica che li ha prodotti.

E ci sono anche i frammenti di quattro pile da un volt e mezzo, un interruttore e un pezzo di circuito stampato: nulla che appartenga alla strumentazione della Chevrolet.

Scatta il classico lavoro di indagine, e per prima cosa si identificano tutti gli esercizi commerciali che nel circondario possono avere venduto quel tubo e quei coperchi. Dopo alcuni tentativi a vuoto, un commesso sembra ricordarsi di un cliente che assomiglia molto a Steven Benson.

Ma c'è altro. La copia dello scontrino rimasta al negozio rivela ai tecnici del laboratorio della polizia un'impronta digitale, un'impronta che corrisponde proprio a quella di Steven Benson.

Sei settimane dopo l'esplosione, Benson viene arrestato con l'accusa di duplice omicidio e lesioni gravi.

Pian piano, e in modo via via più chiaro, viene a galla il movente dell'omicidio: la madre di Steven aveva scoperto che da tempo il figlio la derubava, e aveva deciso di cancellarne il nome dal testamento. E l'eredità non era certo cosa da poco se la parte destinata all'uomo consisteva in almeno dieci milioni di dollari; lui non poteva permetterlo ed ecco la decisione di piazzare una bomba nell'auto e allontanarsi con una scusa.

Prima che la minaccia della madre si trasformasse in una disposizione registrata davanti a un notaio.

Nel caso di esplosivi «homemade», di fabbricazione domestica, gli investigatori devono saper riconoscere le sostanze comunemente impiegate: cellulosa, zucchero, polvere estratta dalle cartucce, capocchie di fiammiferi, amido e farina possono essere trattati chimicamente e trasformati in composti in grado di scoppiare. Ancora più facile da reperire e disponibile sul mercato è il nitrato d'ammonio, normalmente venduto come fertilizzante. Una sostanza tanto comune e tanto pericolosa che è bastato miscelarla con tre fusti di nitrometano per ottenere un ordigno capace di radere al suolo l'Alfred P. Murrah Federal Office Building di Oklahoma City.

Arson

Incendi dolosi e incendiari: le modalità di approccio e le procedure sulla scena di un'esplosione non sono molto diverse da quelle che gli investigatori adottano in caso di incendio. E infatti nelle forze di polizia più organizzate esiste una sola unità specializzata per entrambi i crimini.

Investigare in un caso di incendio significa conoscere perfettamente i segreti del fuoco e dei suoi effetti, saper riconoscere il punto di origine, avere dimestichezza con le cause che possono innescarlo e con i modi in cui si diffonde. In genere è più facile identificare il punto di origine di un incendio doloso che scoprire cosa lo ha prodotto. E anche se il contesto sembra orientare verso il crimine, la possibilità che si tratti di un incidente, di una fatalità, è sempre tenuta in considerazione da chi conduce le indagini.

Nella memoria è ben segnata una data, il 18 novembre 1987. E un luogo, la stazione della metropolitana di King's Cross, a Londra.

Alle 19.30 del fumo si sprigiona dagli ingranaggi della scala mobile che collega la Piccadilly Line alla stazione principale. È un'ora in cui centinaia, migliaia di lavoratori affollano la *tube* per rientrare a casa.

Presto si sprigionano le fiamme che intrappolano i passeggeri, e il fumo rende l'aria irrespirabile. Nonostante l'intervento di oltre centocinquanta pompieri che indossano maschere antigas, non è possibile controllare l'incendio sino alle 21.50. Più di due ore e un bilancio drammatico: ventisette morti.

Nelle indagini che cercano di ricostruire il perché del disastro, si scopre che con tutta probabilità l'incendio è stato innescato da una sigaretta accesa, caduta nel vano motore della scala mobile, tra gli ingranaggi lubrificati con oli infiammabili.

Ma quello che lascia sgomenti è il fatto che le fiamme non si sarebbero estese se non avessero trovato corrimani e rivestimenti in legno. Micidiali, se paragonati ai normali rivestimenti ignifughi in metallo.

Se lasciamo da parte gli incidenti e ipotizziamo che sia stata una mano criminale ad appiccare un incendio, allora uno degli elementi chiave da ricercare sulla scena del delitto è la presenza di un accelerante, un composto chimico con particolari qualità che lo rendono idoneo a innescare un incendio. Un elemento che brucia producendo temperature elevate propaga più velocemente le fiamme ed è difficile da spegnere.

Le sostanze acceleranti possono avere natura solida, liquida o, più raramente, gassosa. Tra le prime troviamo la comunissima carta, ma anche le torce da illuminazione, la polvere da sparo, o anche improvvisate miscele di paraffina e ossidanti, zucchero e clorato. Sono però gli acceleranti liquidi i più usati negli incendi dolosi, come i derivati del petrolio, della benzina al cherosene, e poi l'alcol, i solventi industriali, l'etere. Il liquido può essere versato direttamente e quindi acceso, oppure confezionato in cocktail a creare vere e proprie bombe molotov. I gas come il metano e il propano, invece, sono impiegati di rado, ma bisogna ricordare che basta staccare un tubo, un normale allacciamento alla rete domestica del gas per avere a disposizione una semplice fonte di accelerante.

L'accelerante da solo tuttavia non basta, va aggiunto un dispositivo d'innesco, che può essere estremamente semplice, come una candela accesa con materiale infiammabile alla base, ad esempio carta imbevuta di olio combustibile, oppure una sigaretta che consumandosi raggiunge i fiammiferi in una scatola. Naturalmente si usano anche meccanismi ben più raffinati e affidabili, come congegni meccanici o timer elettronici.

Anche se il materiale utilizzato per innescare l'incendio può distruggersi per l'azione delle fiamme, gli investigatori non devono mai trascurare nulla, perché c'è sempre la possibilità che qualche elemento si sia mantenuto relativamente intatto, ad esempio batterie e fili elettrici, o magari i frammenti di una bottiglia molotov o i residui di cera. Anche l'analisi delle ceneri può rivelare la presenza di composti acceleranti.

La presenza di un accelerante sulla scena di un incendio può essere colta dal fiuto raffinato di cani addestrati, ma sono i metodi e le attrezzature del laboratorio di indagine sugli esplosivi e gli incendi che permettono un'analisi più sicura e oggettiva. In ogni caso occorre che ai tecnici arrivino campioni raccolti correttamente.

Le sostanze che hanno innescato un incendio, spesso per loro natura volatili, non si prestano a essere trasportate in confezioni permeabili, quanto piuttosto in contenitori a tenuta stagna. Questi, giunti in laboratorio, vengono riscaldati in modo che i residui volatili restino intrappolati nella parte più alta, quella che si chiama lo «spazio di testa». Con una siringa si prelevano i vapori da questo spazio per poi inserirli nel gascromatografo, uno strumento che serve a studiare la composizione delle sostanze volatili.

La gascromatografia, conosciuta anche come Gc, o gas-liquido cromatografia, Glc, è una tecnica impiegata soprattutto a scopo analitico. Come tutte le cromatografie, si basa sul fatto che le diverse sostanze si ripartiscono in modo differente tra una fase stazionaria o fissa e una fase mobile, in funzione delle loro affinità con esse.

La fase fissa è generalmente costituita da un liquido non volatile supportato su una polvere che riempie una colonna oppure distribuito come una sottilissima pellicola sulla parete interna di una colonna lunga più di 10 metri ma con un diametro inferiore al millimetro. Il liquido varia in relazione al tipo di composti che si intendono analizzare.

La fase mobile è invece costituita da un gas, chiamato gas di trasporto, generalmente azoto o elio, oppure idrogeno, per particolari applicazioni.

Il campione, inserito in testa alla colonna, viene sottoposto al flusso costante del gas di trasporto, e separato nelle sue componenti in funzione della loro affinità, in genere per polarità, alla fase fissa. All'estremità finale della colonna è sistemato un rilevatore, e ogni campione esaminato, tecnicamente «eluito», ha un proprio tempo caratteristico e costante di uscita che permette di identificarlo. Quando è importante avere anche delle indicazioni sulla struttura delle sostanze eluite, a un'estremità di una colonna cromatografica si associa uno spettrometro di massa.

Nello spettrometro di massa le molecole della sostanza che deve essere analizzata vengono ridotte a ioni positivi, riscaldando la sostanza o bombardandola con un fascio di particelle. Gli ioni vengono incanalati in un tubo a bassa pressione e in base alla loro massa sono deviati in misura maggiore o minore dall'applicazione di campi elettrici e magnetici. Sulla lastra fotografica posta a un'estremità dello strumento viene infine impresso lo spettro di massa della sostanza.

Lasciando da parte il laboratorio e le sue tecniche, appiccare incendi nel nostro paese fortunatamente è una pratica non frequente, legata perlopiù al racket delle estorsioni. Fa eccezione la sistematica distruzione di macchie boschive che negli ultimi dieci anni, ogni anno durante l'estate, manda in fumo in media 11 mila ettari di prezioso verde.

Ben diversa è la situazione negli altri paesi. Negli Stati Uniti l'*arson*, l'incendio doloso, è classificato dall'Fbi come una delle tre categorie di *violent crimes*, crimini violenti, insieme all'omicidio e allo stupro.

L'analisi della letteratura, la valutazione delle scene del crimine e le interviste a centinaia di responsabili hanno consentito agli uomini del Federal Bureau di mettere a punto una classificazione basata sul movente dell'incendiario. Si appiccano incendi per vandalismo, eccitamento, vendetta, per occultare un altro crimine, per profitto, per estremismo. Infine, non diversamente che nel caso degli assassini, esistono i *serial arsonists*, gli incendiari seriali.

Gli incendi vandalici sono spesso attribuibili a bande e gruppi giovanili, mentre l'eccitamento psichico è comune a diversi tipi di *arsonist*. Ci sono soggetti che cercano il brivido, altri che vogliono essere al centro dell'attenzione, e spesso accade che sia un vigile del fuoco o un addetto alla sicurezza ad appiccare l'incendio per poi accorrere per primo a guadagnarsi sul campo la qualifica di «eroe». Esistono situazioni di patologia mentale in cui il fuoco costituisce un vero e proprio stimolo sessuale. La piromania in adolescenza è stata messa spesso in relazione all'enuresi e alla crudeltà verso i piccoli animali per predire un futuro da serial killer.

L'incendio doloso per vendetta, invece, può colpire la vittima in modo specifico, oppure le istituzioni, o ancora sganciarsi dalla realtà e rivolgersi alla società intera.

È il 18 febbraio 2003, sono circa le dieci del mattino, e sono in molti ad aspettare la metropolitana in quella stazione della città di Daegu, in Corea, una metropoli che conta quasi due milioni e mezzo di abitanti.

Un uomo si muove tra la folla. Ha cinquantasei anni e si chiama Kim Dae-Han. Nessuno lo sa, ma Kim sta male, non ce la fa più a vivere. È sempre stato un solitario e molti psichiatri hanno cercato di aiutarlo, ma senza successo, e allora lui, quel giorno, ha deciso di farla finita.

In un cartone del latte ha messo della benzina, ha usato l'accendino e poi lanciato quella specie di molotov nel vagone della metropolitana.

Un inferno, una strage. Il fuoco invade il primo treno per poi estendersi a un secondo che arriva pochi minuti dopo. Ci vogliono mesi per identificare i corpi delle vittime, e alla fine si contano 192 cadaveri e 148 feriti.

Quando un incendio si propaga in grandi magazzini,

auditori e sale conferenze, cinema e discoteche, ristoranti e metropolitane, il numero delle vittime è sempre altissimo, e difficile è contenere ed estinguere le fiamme.

C'è il calore e poi il fumo che non riesce a disperdersi a causa della scarsa ventilazione e dello spazio ristretto. Chi rimane intrappolato è preda di un panico accentuato in maniera drammatica dal buio e dalle uscite di sicurezza magari bloccate.

Ma per uno strano scherzo del destino, Kim Dae-Han non è morto; ha riportato ustioni al corpo, anche importanti, ma sopravvive.

Il 6 agosto 2003 il tribunale di Daegu, Corea, emette il verdetto:

> La Corte conferma che l'accusato ha appiccato il fuoco in un luogo pubblico in un tentativo di suicidio, causando la perdita di molte vite innocenti. Ma la Corte giudica vi sia un'attenuante nel fatto che l'uomo si è pentito del gesto e che è difficile credere che il suo stato mentale sia stato normale al momento del crimine.

I familiari delle vittime protestano duramente per quelle attenuanti che hanno fatto sì che la pena di morte diventasse carcere a vita.

Un atto suicidario come quello di Kim Dae-Han è sempre, prima di ogni altra cosa, un atto di aggressività verso gli altri. E in questo caso lo è in modo ancora più evidente.

Ma Kim non è il solo a essere giudicato responsabile della strage. Con lui vengono condannati a cinque anni due conducenti dei treni e sei addetti alla metropolitana, responsabili di non avere risposto prontamente alla minaccia del fuoco.

Tornando alle categorie dell'Fbi basate sul movente dell'*arsonist*, va considerato l'occultamento, le situazioni in cui il fuoco è lo strumento ideale per nascondere un altro crimine, un omicidio ad esempio, oppure per cancellare le tracce di un furto con scasso. Una *staged crime scene*, una scena del crimine modificata ad arte per depistare le indagini, e proprio a questo il manuale di classificazione del crimine dell'Fbi dedica un ampio spazio. E in questo spazio inserisce il concetto di *forensic red flags*, le bandierine rosse che gli investigatori devono cogliere fin dal primo momento del loro intervento. I detective devono anzitutto valutare se le tracce, gli elementi analizzabili con le scienze forensi, sono coerenti con gli altri elementi della scena, oppure se c'è qualcosa che stona, qualcosa che non torna: forse l'incendio doloso maschera e nasconde un delitto.

È un motociclista e sta passando per caso da quelle parti, quando nota un caravan in fiamme. Si ferma immediatamente e richiama l'attenzione dei vicini.

A terra c'è un uomo, svenuto, e dall'interno del caravan si sente provenire la voce di una donna, intrappolata dall'incendio, che chiede aiuto.

I soccorritori cercano di avvicinarsi, ma il calore delle fiamme è troppo intenso. All'arrivo dei vigili del fuoco l'uomo a terra sembra riprendersi, corre verso il caravan gridando: «Mia moglie è là dentro! Dorme nella camera da letto!». Ma viene bloccato dai pompieri. Non può più far nulla.

Agli investigatori racconta che era nel salottino a guardare la televisione, quando aveva notato le fiamme che arrivavano dalla camera da letto. Per il resto non ricordava più niente, tranne che si era lanciato dalla finestra per mettersi in salvo.

Ma la prima «bandierina rossa» arriva dai risultati dell'autopsia della moglie. La morte è dovuta senza dubbio all'asfissia e alle ustioni diffuse, ma ci sono numerose ferite e un'estesa frattura al cranio che non hanno niente a che fare con il rogo.

Non è solo il medico legale a mettere in allarme i detective. La vittima non viene trovata nella camera da letto, ma nel piccolo salotto, vicino a quella che si scopre essere stata la poltrona preferita del marito. E a terra c'è una larga chiazza di sangue essiccato, così come ci sono macchie di sangue sulla maglietta, sui pantaloni e sulle scarpe del marito.

Il maggior danno prodotto dal fuoco è proprio nel salotto, e proprio intorno alla poltrona, non nella camera sul retro, dove avrebbero avuto origine le fiamme con la vittima addormentata a letto.

I sospetti sull'uomo cominciano a diventare importanti, e lui non è in grado di dare nessuna spiegazione dei segni di gravi percosse ritrovati sul cadavere della moglie.

Lui non ha sentito niente, non ha visto niente.

Origine dell'incendio, propagazione delle fiamme, caratteristiche della vittima e dell'aggressore, lesioni inspiegabili, tracce di sangue. Gli indizi si fanno schiaccianti e presto emerge la verità: il fuoco è stato deliberatamente appiccato per nascondere un violento litigio degenerato in un'aggressione mortale.

Incendio doloso e omicidio di secondo grado, secondo la giuria, e una condanna a quindici anni di carcere.

Altri tipi di *arsonist* sono quelli per profitto, con la frode assicurativa al primo posto, e quelli che agiscono nel corso di atti terroristici. L'ultima categoria identificata dall'Fbi è quella dell'incendiario seriale, il *serial arsonist*, che segue un bisogno compulsivo, una spinta che lo porta a ripetere il suo delitto in tempi e luoghi differenti. In modo non diverso dalle categorie degli assassini, anche qui esiste lo *spree arsonist*, che non conosce raffreddamento emozionale tra un episodio e il successivo, e il *mass arsonist*, che appicca più incendi contemporaneamente in un unico luogo-bersaglio.

È significativo che un moderno manuale di indagini presti così grande attenzione alle motivazioni psicologiche di un incendiario. Nulla come il fuoco sembra rivestire un significato simbolico al di là del tempo, rappresentare il legame tra mondo terreno e divino. Se dal punto di vista antropologico il fuoco rappresenta la più antica forma di controllo dell'uomo sulle forze della natura, esso col tempo ha finito per sganciarsi dal dato concreto per rimandare piuttosto all'idea di creazione, di fecondazione, di purificazione, di morte e risurrezione.

Ma anche di immortalità.

E quest'ultimo aspetto è così significativo da essere presente tanto nel movente e nella psicologia dei moderni incendiari, quanto nella storia dei secoli passati. In particolare in una storia che molto racconta del fuoco e dell'uomo: la storia di uno dei più famosi incendi che il mondo ricordi.

Già nell'VIII secolo a.C. Efeso, città dell'Asia Minore poco lontano da Alicarnasso, è uno dei centri più importanti dell'area e il porto più trafficato del mar Egeo. Per celebrarne la ricchezza e onorare gli dei, l'architetto Chersifrone viene chiamato a un'impresa che lo renderà ricco e celebre, la costruzione di un tempio, anzi del grande tempio di Artemide.

Già dai progetti si intuisce il sogno di grandezza di Chersifrone, e con lui di tutti gli efesini: 110 metri di lunghezza, 55 di larghezza, 126 colonne su due file alte 18 metri. È talmente grande che al suo interno potrebbe contenere il Partenone.

Ci vogliono più di cinquant'anni per completare quella che sarà una delle sette meraviglie del mondo, e ci vorranno le ricchezze del mitico re Creso per finanziare l'opera.

Trascorrono circa duecento anni durante i quali il tempio di Artemide diventa il vanto di Efeso e dell'Egeo, fino alla catastrofe, nel 356 a.C. La leggenda narra che una notte Artemide abbia abbandonato il suo tempio per assistere a un evento mirabile, la nascita del figlio di Filippo il Macedone, un uomo che avrebbe cambiato il destino del mondo. E mentre Alessandro, colui che diventerà Magno, viene alla luce, un incendio devastante distrugge completamente il tempio.

L'incendiario non solo non tenta di fuggire, ma si consegna spontaneamente ai soldati che accorrono e accetta di essere accompagnato nella sala del Consiglio di Efeso per essere interrogato.

Sembra non preoccuparsi della folla che sicuramente lo lincerebbe se non fosse protetto dalla scorta, e anzi appare sprezzante, grida a tutti il proprio nome. Lui, che non crede all'esistenza degli dei, che ne ha distrutto il tempio, lui è preda della debolezza umana. L'immortalità che nega a esseri superiori deve essere riservata a lui, al suo nome, all'incendiario che ha distrutto l'Artemision, una delle meraviglie del mondo.

Ma con una strabiliante intuizione psicologica, il Consiglio di Efeso comprende quale possa essere la peggior punizione per l'incendiario: non bastano le torture, non basta la morte. In aggiunta, tortura e morte verranno riservate a tutti coloro i quali pronunceranno e ricorderanno il nome di quell'uomo, condannandolo così all'anominato e all'oblio. Se non fosse per uno storico, Teopompo, che in una lettera indirizzata ad Alessandro Magno circa trent'anni dopo i fatti rivela d'avere scoperto l'identità di quel criminale, prima corrompendo con la seduzione, poi torturando con il ferro, uno dei custodi del tempio distrutto.

Il nome dell'incendiario è Erostrato. Che alla fine è riuscito a conquistare ciò che desiderava: l'immortalità attraverso le fiamme.

V

I modi della morte
I veleni e le droghe

Il caso di Harold Shipman

Harold è un ragazzo modello. È sua madre che l'ha educato così. Anche se gli Shipman sono una modesta famiglia di operai, la signora Vera ci tiene a certe apparenze e sceglie con cura i compagni che Harold deve frequentare. Non i chiassosi e disordinati figli dei vicini o dei colleghi del marito, ma ragazzi all'altezza di Harold, che è sempre ben vestito, ben pettinato e con la cravatta. Dei tre figli – oltre a Harold ci sono anche Pauline, maggiore di sette anni, e Clive, più giovane di quattro –, Harold è sicuramente il suo preferito.

A scuola non va proprio bene – abbastanza nei primi anni, peggio alle superiori –, ma come sportivo è un campione, soprattutto nel football e nell'atletica, e questo in una scuola inglese conta. Anche se un piccolo campione non è comunque molto popolare tra i compagni. È un tipo chiuso, che sta da solo e tratta tutti gli altri con un atteggiamento di superiorità che non piace. Un po' come sua madre Vera.

Poi succede che la signora Vera si ammala. Il dottore le scopre un tumore ai polmoni in fase terminale, e quando la donna inizia a deperire, Harold diviene per lei un sostegno e una presenza indispensabile. Ogni giorno, terminate le lezioni, Harold torna a casa di corsa, prepara una tazza di tè per la madre e si siede al suo capezzale, a parlare. Con il progredire della malattia, Vera inizia a soffrire di dolori lancinanti, e il medico di famiglia comincia a praticarle iniezioni per alleviarne le sofferenze.

Harold ne rimane colpito. Resta affascinato da come una semplice iniezione di morfina possa sciogliere il dolore, restituendogli una madre ancora presente, quasi come prima.

La signora Vera muore il 21 giugno 1963, lasciando nel figlio un tremendo senso di perdita, un incolmabile vuoto. Ma anche un'immagine indelebile, stampata nella mente di un giovane di diciassette anni: la paziente con la tazza di tè accanto, capace di trovare sollievo in una dose di morfina.

Due anni dopo la morte della madre, Harold Shipman viene finalmente ammesso alla Leeds University Medical School. È sempre un ragazzo modello, elegante, compìto, e continua a sentirsi superiore agli altri ragazzi, che non frequenta. Ma il primo anno viene bocciato, ed è solo grazie alla sua tenacia che riesce a farcela. Arriva alla laurea e inizia l'internato in ospedale, e anche lì è sempre il solito Harold, elegante, compìto, tenace, ma solitario e sprezzante. Sembra che tolleri a malapena la gente che lo circonda. Tutti. Tranne Primrose.

Quando Harold la conosce lui ha diciannove anni e lei sedici. È come lui. Compita, elegante, per bene, educata da una madre che le ha scelto accuratamente le amicizie da frequentare, proprio come la signora Vera con Harold.

Si sposano nel 1966, quando Primrose è già incinta di sei mesi, e in seguito ne arriveranno altri, di bambini, quattro in tutto.

Nel 1974 Harold diventa finalmente il dottor Shipman e inizia a lavorare nella cittadina di Todmorden, nello Yorkshire, uno di quei tranquilli paesi della campagna inglese che sembrano usciti da un romanzo di Agatha Christie. A

Todmorden tutti si conoscono e un dottore è un membro importante della comunità. Per una volta Harold sembra non essere così sdegnoso e solitario. Lui e Primrose si integrano perfettamente, e Harold lavora sodo e con entusiasmo, anche se ogni tanto litiga con i colleghi dell'ambulatorio. Sono «stupidi», così li chiama. Stupidi. Almeno tutte le volte che non sono d'accordo con lui.

Poi, all'improvviso, succede qualcosa. Harold inizia ad accusare improvvise crisi in cui perde coscienza e ai colleghi, sorpresi e preoccupati, annuncia di soffrire di epilessia. Ma la realtà è ben altra, e viene a galla quando Marjorie Walker, addetta al controllo degli stupefacenti, nota delle irregolarità sul libro mastro.

Le annotazioni mostrano che Shipman ha prescritto a numerosi pazienti grandi e frequenti dosi di petidina, un analgesico simile alla morfina. Un semplice controllo è sufficiente a scoprire che molti dei pazienti che figurano nella lista non hanno mai richiesto o ricevuto il farmaco.

Quando lo accusano di irregolarità, Harold ammette di avere sbagliato, e chiede che gli venga offerta una seconda possibilità. Ma tra i colleghi non ha amici che possano appoggiarlo. Anzi, ricordano tutti il suo brutto carattere e fanno muro contro di lui. Allora Harold si arrabbia, incomincia a urlare, getta a terra la sua valigetta e dichiara che non se ne andrà se non costretto con la forza.

Viene accontentato. Nel 1975 deve lasciare il lavoro nello studio professionale per fare ingresso in un centro di riabilitazione per tossicomani.

Passano due anni e Harold è di nuovo il dottor Shipman. È riuscito a convincere la commissione competente di essersi pienamente disintossicato e di poter riprendere la professione medica, e viene assunto al Donnybrook Medical Center di Hyde, sempre nel Nord dell'Inghilterra. Non nega gli errori, ma dice d'essere guarito e di essere convinto di poter fare un buon lavoro. Di meritarsi la fiducia. Riprende il suo ruolo di grande lavoratore, non presenta segni di abuso di sostanze, e questa volta mantiene a freno il sarcasmo nei confronti dei colleghi.

Poi succede un'altra cosa.

A Hyde c'è un'impresa di pompe funebri. Alan Massey, il titolare, nota una strana coincidenza. Lavora tanto, forse troppo per quel paesino, e gran parte del lavoro glielo procura proprio il dottor Shipman. Nel senso che molti clienti dell'impresa di pompe funebri Massey erano pazienti di Harold. Non solo, quando il signor Massey arriva a prenderli trova i defunti vestiti di tutto punto, senza traccia alcuna che indichi che siano stati in precedenza malati.

Il signor Massey è preoccupato. Chiama il dottor Shipman e prenota una visita per chiarire i suoi dubbi. Harold è tranquillo, lo rassicura, gli mostra il registro dei decessi affermando che è disponibile per chiunque voglia effettuare un controllo. Ma se il signor Massey è sollevato, sua figlia Debbie non è convinta. Cerca e trova un'alleata nella dottoressa Susan Booth, le parla del numero eccessivo di morti, quasi tutte donne che vivono sole, trovate cadavere sedute su una sedia, completamente vestite, e non negli abiti da notte, come avrebbero dovuto visto che di solito giacevano a letto, malate.

La notizia arriva al coroner John Pollard, che a sua volta informa la polizia. Con discrezione la polizia controlla i registri del dottor Shipman. In effetti le terapie prescritte concordano con i sintomi dei pazienti e la causa di decesso, per cui niente di strano. Il dottor Shipman è a posto. Può continuare a esercitare la professione di medico come ha sempre fatto e come continua a fare, per tanti, tantissimi anni.

Finché non succede ancora qualcosa.

Nell'agosto del 1998 alcuni funzionari della polizia di Manchester assistono all'esumazione della salma di Kathleen Grundy. La signora Kathleen aveva ottantun anni ed era una vecchietta molto conosciuta nella cittadina in cui viveva. Poi, il 24 giugno di quell'anno, era morta. Così, all'improvviso. Gli amici non l'avevano più vista in giro e per una donna della sua vitalità, sempre impegnata in azioni caritatevoli, questo era abbastanza strano. Così vanno a casa sua e la trovano morta, sdraiata sul divano, vestita di tutto punto. Chiamano il dottore e il dottore è Harold.

Il dottor Shipman arriva, esamina la signora e stila un referto di morte naturale. Dice che l'aveva visitata poche ore prima e che quello che è successo si spiega perfettamente con le sue condizioni di salute, per cui non è necessaria un'autopsia. La signora Kathleen ha una figlia, Angela Woodruff, che viene subito avvertita.

Di ritorno a casa dopo il funerale, Angela riceve la telefonata preoccupata di un procuratore legale che afferma di avere una copia del testamento della signora Kathleen. Angela ha già visto il testamento di sua madre, la signora lo ha firmato davanti a lei nel 1986, ma quello che il procuratore le presenta è diverso. È un foglio dove sono scritte poche frasi, battuto a macchina, e anche male. Ma soprattutto c'è una bella somma, 386 mila sterline, destinate a una persona che non è di famiglia. È un dottore.

Il dottor Shipman.

Angela non può non sospettare che il medico abbia avuto un ruolo nella morte della madre, e per questo va alla polizia dove trova il detective Bernard Postles, le cui prime indagini concordano con le supposizioni della donna.

Il passo successivo è la decisione di riesumare il corpo della signora Kathleen. La polizia preleva campioni di tessuto e di capelli, che vengono inviati a differenti laboratori d'analisi. In attesa dei risultati, la polizia ispeziona la casa e lo studio di Shipman, che non sembra sorpreso, ma anzi si mostra arrogante e sprezzante appena gli viene esibito il mandato di perquisizione.

È lui stesso a indicare uno degli elementi fondamentali dell'indagine: una macchina da scrivere portatile che risulta essere stata utilizzata per scrivere il falso testamento. Harold ha pronta una spiegazione, come sempre, e come sempre è una spiegazione inverosimile. Sì, la macchina da scrivere è sua, ed è quella che ha scritto la lettera. Infatti l'ha prestata lui alla signora Kathleen proprio per scrivere il suo testamento.

C'è un'altra cosa che colpisce gli investigatori: la trascuratezza, la mancanza di igiene dell'abitazione, i vestiti sudici gettati per terra, accanto a pile di vecchi giornali accatastati. Ma sono i risultati delle indagini tossicologiche a produrre una sorpresa ancora maggiore.

Non solo la causa della morte della signora Kathleen è da attribuire a un'overdose di morfina, ma la dose letale le è stata certamente somministrata nelle tre ore precedenti il decesso.

Harold ha una spiegazione anche per questo. Una spiegazione delle sue. Sì, è vero, la signora Kathleen è morta per un'overdose di morfina. Infatti era tossicodipendente. Di morfina.

Non ci crede nessuno. La signora Kathleen, la instancabile, attivissima, rispettatissima signora Grundy una tossicodipendente? La credibilità di Harold, anche quella che gli era rimasta, crolla improvvisamente.

La polizia comincia ad avere pochi dubbi sulla colpevolezza dello strano dottor Shipman. Non solo, comincia a pensare che quello della signora Kathleen non sia l'unico caso. Le indagini devono essere allargate.

La prima decisione riguarda quali altri decessi meritino un approfondimento. La polizia decide che hanno la precedenza i corpi non cremati e le morti avvenute immediatamente dopo un intervento del dottor Shipman. I defunti cremati vengono anch'essi studiati in base alle conoscenze sul loro stato di salute prima del decesso, sul rapporto delle cause di morte, sulla presenza del medico prima della morte.

Si scopre che, quando poteva, il dottor Shipman aveva

sollecitato i familiari alla cremazione del corpo. Nessuno aveva trovato strano questo atteggiamento, e, in ogni caso, sconvolti dalla morte improvvisa di un loro caro, di chi avrebbero dovuto fidarsi i parenti se non del medico di famiglia?

Ogni tanto qualcuno si mostrava sorpreso perché la persona morta non aveva gravi problemi di salute e comunque, quando l'avevano vista, stava bene. A quel punto, allora, il dottor Shipman mostrava le note registrate al computer. Le sue note. E parlavano sempre di gravi sintomi dichiarati e puntualmente riscontrati.

Non è difficile per i tecnici della polizia scoprire che i file del computer sono stati manomessi. Inizialmente diffidente verso le innovazioni tecnologiche, Harold era diventato un grande appassionato di computer. Non certo un esperto, quale con il suo solito senso di superiorità credeva di essere. Infatti non sapeva neppure che l'hard disk registrava regolarmente tutte le sue manomissioni dei file. Fatte di solito nel giro di poche ore dai decessi, a volte immediatamente dopo la morte delle vittime. Il dottor Shipman corre nel suo ambulatorio, cancella, corregge, riscrive. Come per la signora Kathleen. Harold rinforza le sue dichiarazioni sulla tossicodipendenza della donna con il sostegno di numerose note cliniche aggiunte successivamente.

Il risultato delle indagini della polizia è sorprendente.

Harold avrebbe assassinato non meno di 215 dei suoi pazienti, 171 donne e 44 uomini, di età compresa tra i quarantuno e i novantatré anni, in un periodo compreso tra il 1978 e il 1998. La commissione incaricata dal ministero della Sanità e diretta dal professor Richard Baker dell'Università di Leicester riconosce la responsabilità di Shipman in almeno 236 decessi nell'arco di ventiquattro anni.

Il 5 ottobre 1999, al tribunale di Preston, nel Lancashire, si apre il processo al dottor Harold Shipman. Per tutta la durata del dibattimento Harold non offre alcuna collaborazione, né suscita simpatie per il suo atteggiamento arrogante e superbo.

L'accusa è rappresentata da Richard Henriques, uno dei più importanti patrocinatori della Gran Bretagna, che cancella immediatamente l'ipotesi dell'eutanasia: nessuno dei pazienti era un malato terminale. Per Henriques, il dottor Shipman ha ucciso perché ciò gli aveva dato piacere.

«Egli stava esercitando il potere ultimo di controllare la vita e la morte, e, ripetuto così spesso l'atto, aveva scoperto la facoltà di togliere la vita a suo piacimento.»

Altri riscontri, altre prove inequivocabili: sui fogli che contengono il falso testamento della signora Kathleen è possibile evidenziare le impronte digitali di Harold, ma non quelle della donna. Il detective John Ashley, esperto di computer, dimostra che il medico ha modificato le registrazioni informatiche creando nuovi sintomi per i suoi pazienti.

Dall'analisi dei tessuti prelevati dai corpi delle vittime gli esperti dell'accusa riescono anche a dimostrare che i livelli di morfina riscontrati sono dovuti a un'unica massiccia dose e non a un utilizzo cronico. Non solo, emerge anche che il dottor Shipman ha prescritto morfina in modo ricorrente e inopportuno a diversi suoi pazienti. Era stato un errore usare la morfina, che può rimanere nei tessuti ed essere rintracciata a distanza di parecchi anni.

L'avvocato difensore di Harold tenta disperatamente di dare una buona immagine del dottor Shipman come medico vecchio stampo, con una famiglia felice, una moglie e quattro figli, tralasciando le passate vicende di droga che non vengono menzionate. Ma non basta.

Il 31 gennaio 2000, alle quattro e tre quarti del pomeriggio di un lunedì, dopo cinquantasette giorni di dibattimento, arriva il verdetto. Il portavoce della giuria dichiara che si è raggiunto un verdetto unanime: Harold Shipman è riconosciuto colpevole di quindici omicidi per i quali sono emerse prove inconfutabili, e condannato al carcere a vita per quindici volte. A questi devono aggiungersi altri quattro anni di detenzione per la contraffazione del testamento della sua ultima vittima, la signora Kathleen Grundy.

Harold accoglie la sentenza senza mostrare alcuna emozione. In aula ci sono anche la moglie e i figli, impassibili anche loro.

Il giudice, Justice Forbes, rivolto al dottor Shipman pronuncia un breve discorso.

> Con questo verdetto abbiamo assicurato un colpevole alla giustizia. Non ho dubbi sia un giudizio corretto. È giunto il momento, per me, di procedere con la sentenza. Ciascuna delle vittime era un vostro paziente; li avete assassinati, con calcolo e sangue freddo, per la perversione delle vostre competenze mediche, per la vostra malvagità, per propositi immorali. Avete tratto vantaggio e grossolanamente abusato della loro fiducia. Seguendo la consuetudine non lo farei innanzi ad una corte ancora riunita ma nel vostro caso giustizia impone che io esponga la mia opinione a conclusione del processo: la raccomandazione è che voi passiate il resto dei vostri giorni in carcere.

Harold è un assassino, di più, un serial killer. Ha ucciso più di duecento persone, tutti suoi pazienti. E forse anche altri, prima del 1978, l'anno a cui viene fatta risalire la sua attività di assassino. Quando era stato accusato di sottrarre morfina dall'ambulatorio di Todmorden. Era per lui, quella morfina, per un suo problema di tossicodipendenza? O aveva già cominciato a iniettarla ai suoi pazienti?

Harold è un assassino.

Ma perché?

Non è facile scoprirlo. Harold non lo dice. Dice di essere innocente e accampa le sue solite, inverosimili giustificazioni. Di più, il dottor Shipman è anche un serial killer anomalo. Nessun segno di violenza, nessun rimando sessuale, e, a parte un unico caso, quello dei soldi della signora Kathleen, nessun movente. I serial killer amano intrattenersi con la vittima, spesso in rituali sadici. Ma le vittime di Shipman sono morte serenamente, nelle loro case confortevoli.

C'è un'ipotesi: che Harold odiasse le donne in età avanzata. E alcuni testimoni riferiscono i suoi commenti negativi sugli anziani, capaci solamente di dissanguare il servizio sanitario. Altra ipotesi: forse voleva ricreare la scena della morte della madre, per soddisfare qualche bisogno masochistico. E perché tanta leggerezza nell'uccidere, tanta superficialità? La morfina, quelle scuse inverosimili, una mancanza di precauzioni così sciocca e banale?

Forse Harold voleva farsi identificare e catturare, come succede a molti serial killer. Altrimenti, perché consegnare la macchina da scrivere e usare un determinato tipo di sostanza, facilmente rintracciabile, lasciando indizi che hanno condotto direttamente a lui?

O forse no. Harold si sentiva superiore a tutti, imprendibile, invincibile. Chi avrebbe potuto mettere in discussione le parole del dottor Shipman?

Harold viene mandato a scontare la sua pena in una cella d'isolamento e, a dispetto delle prove schiaccianti, continua a professare la propria innocenza.

GRAN BRETAGNA: SI IMPICCA IN CARCERE DOTTOR MORTE, UCCISE 215 PAZIENTI

Londra 13 gennaio 2004.
Un portavoce del servizio penitenziario di Wakefield ha reso noto che Shipman è stato trovato impiccato alle 06:20 e che, dopo inutili tentativi di rianimazione, è stato dichiarato morto alle 08:10.
Per uccidersi ha utilizzato i lenzuoli del letto.
Avrebbe compiuto 58 anni il giorno dopo.

Avvelenati

La chimica è la scienza che si occupa della composizione delle sostanze e di come esse si trasformano, e le sue applicazioni sono così importanti che le ritroviamo in quasi tutti i campi della criminalistica. L'esaltazione delle macchie di sangue con il luminol si basa ad esempio su una reazione chimica, così come l'identificazione delle impronte digitali latenti con i fumi di cianocrilato; la stessa cosa avviene quando si devono isolare tracce di esplosivo, oppure i resti dell'accelerante che ha innescato un incendio doloso. La tossicologia, in particolare, è la branca della chimica che studia i veleni. La parola veleno viene dal latino *venenum*, che, al pari del termine greco *pharmakon*, indicava in origine ogni sostanza, soprattutto liquida, capace di cambiare la proprietà naturale di una cosa attraverso la propria forza penetrante. E per precisare che si trattava di cosa pericolosa, da maneggiare con cautela, bisognava aggiungere il termine *malum*, cattivo.

C'è poi chi dice che *venenum* derivi a sua volta dal greco *belemnon*, da *belos*, freccia o saetta, ed è allora significativo che «tossico» rimandi a *toxon*, l'arco.

Quanto a definizioni, Philipp Theophrast Bombast von Hohenheim, più noto come Paracelso, uno dei più grandi medici della storia, agli inizi del Cinquecento scriveva:

> O che mai dunque è veleno? Tutto è veleno, e nulla è di veleno al tutto privo. La dose, sola, fa tale cosa o talaltra non velenifera. Ad esempio: pietanza e bevanda, se assunte con dosa smodata, tutte fanno veleno.

Quello che dice Paracelso sembra perfetto per raccontare la vita, e soprattutto la fine, di Elvis Presley, morto a soli quarantadue anni il 16 agosto 1977.

È una sera d'estate del 1977. In compagnia di Ginger Alden, la compagna ventenne del momento, Elvis Presley decide di fissare un appuntamento dal dentista. Ci va a mezzanotte, certamente un'ora improbabile per sistemare un'otturazione, ma è l'unico momento in cui è possibile uscire dalla villa senza essere bloccati dai fan.

Tornano in piena notte, il cantante però non ha sonno. Alle cinque del mattino improvvisa una partita a tennis con una coppia di amici, e alle sette saluta Ginger, dicendole che va nel bagno a leggere un po'.

La ragazza lo ritrova il giorno dopo, a terra, cadavere: il re del rock and roll è morto. L'autopsia viene effettuata dal dottor Jerry Francisco, che per la delicatezza del caso si fa assistere da alcuni tra i più quotati patologi degli Stati Uniti, e i risultati sembrano chiari. Elvis Presley, che già soffriva di ipertensione e insufficienza cardiaca, era andato incontro a un'aritmia cardiaca che gli era stata fatale.

Non è possibile determinare la causa che ha innescato l'irregolarità estrema del battito, e a Memphis, nei giorni successivi, inizia subito a circolare la voce di un'overdose da stupefacenti.

Il dottor Francisco viene chiamato in causa, e smentisce che nel corpo di Elvis siano state ritrovate tracce di eroina, morfina o cocaina. Piuttosto di farmaci di impiego comune, quello sì. Come un antistaminico, antidolorifici, tranquillanti e sedativi. In realtà erano ben otto le sostanze presenti nel sangue, ma, aggiunge il patologo di Memphis, tutte in dosaggi normali, i cosiddetti dosaggi terapeutici.

L'attenzione si sposta immediatamente sul medico personale di Elvis Presley, quello che aveva prescritto i farmaci, il dottor George Nichopoulos, e durante l'inchiesta che segue emerge una verità sconcertante. Nei sette mesi che hanno preceduto la sua morte, a Presley erano stati prescritti antidolorifici, stimolanti, ipnotici e sedativi per un totale di oltre 5300 compresse. Il cantante trascorreva la giornata inghiottendo pillole. Nichopoulos riesce a evitare la radiazione dall'albo dimostrando che il suo paziente era in grado di ottenere medicine da chiunque, che prescrivendole lui poteva in qualche modo controllarlo, e che spesso era riuscito a infilare qualche flacone di innocuo placebo tra le boccette che affollavano la casa di Presley.

Nonostante ci sia ancora chi sostiene che a uccidere Elvis Presley è stata una morte cardiaca improvvisa non innescata dall'abuso dei farmaci, l'opinione di patologi importanti come Cyril Wecht e altri con lui è che si sia verificata una condizione clinica chiamata farmacofagia: l'ingestione compulsiva e in quantità inappropriata di farmaci.

Ed è stata la combinazione di otto diverse sostanze, ciascuna delle quali innocua, a produrre effetti mortali.

Il primo a occuparsi con metodo del riconoscimento dei veleni è Herman Boerhaave, professore di medicina e botanica, poi di chimica all'Università di Leida, in Olanda, che nei primi anni del Settecento sviluppa un suo procedimento, in verità ben poco «scientifico». Si tratta di prendere un campione della sostanza sospetta, di esporlo al calore appoggiandolo su carboni ardenti e poi cercare di distinguerne l'odore.

Ma a fare la storia dei veleni e soprattutto della tossicologia, che di veleni si occupa, è un processo, celebrato in Inghilterra nel 1752, che fece clamore e nel quale per la prima volta viene riservato uno spazio centrale alle prove scientifiche.

Mary Blandy è una donna di trent'anni e non ha proprio nulla della criminale. Non è povera, non abita in quartieri malfamati. Appartiene anzi alla buona borghesia e ha ricevuto un'educazione appropriata.

Ha anche un padre attento, il signor Francis, che mette a disposizione di chi la prenderà in moglie una dote di 10 mila sterline. Una cifra considerevole per l'epoca.

Fra i pretendenti uno solo sembra incontrare, quantomeno all'inizio, il favore del vecchio Blandy, ed è il capitano William Henry Cranstoun, figlio della nobiltà di Scozia. Quantomeno all'inizio, perché con il passare del tempo Cranstoun si rivela una persona veramente poco affidabile. Si scopre che, nonostante già da un anno sia ospite di casa

Blandy, ha approfittato di un viaggio nella terra dei suoi antenati per sposare là una certa Anne Murray. Il capitano rischia di veder andare in fumo la dote promessa, e convince Mary, perdutamente innamorata nonostante la scoperta del tradimento, a somministrare al padre, di nascosto, una certa polvere, un «filtro d'amore» che avrebbe reso meno bellicoso e più disponibile il vecchio Blandy.

L'ingenua donna non sospetta che la sostanza sia in realtà arsenico, e la aggiunge al tè e alla farina d'avena che regolarmente serve al padre. E pian piano iniziano a comparire i segni dell'avvelenamento.

Solo quando Francis sta per morire Mary convoca il medico di famiglia, che riconosce l'avvelenamento e la avverte che verrà ritenuta responsabile della fine del padre. In preda al panico, Mary getta nel camino le lettere d'amore di Cranstoun e quanto ancora possiede della polvere che il capitano le ha dato. Ma non ha fatto i conti con la domestica, Susan Gunnell, che riesce a recuperare tra le fiamme parte del veleno e lo porta a un chimico perché lo analizzi. Nessun dubbio, quella polvere è proprio arsenico, capace di accumularsi lentamente nell'organismo fino a un livello oltre al quale un'unica altra dose è fatale.

Francis Blandy muore il 14 agosto 1751. L'intrepido William Henry Cranstoun sparisce, e Mary si ritrova sola a difendersi dall'accusa di parricidio.

Cranstoun morirà in Francia un anno dopo, povero in canna. Mary Blandy viene arrestata e condotta nelle carceri di Oxford. Il 3 marzo 1752 inizia il processo.

Nonostante proclami la propria innocenza, troppi elementi parlano contro di lei: i servitori che l'hanno vista aggiungere la polvere ai cibi e alle bevande destinati al padre, il tentativo fallito di distruggere le prove nel fuoco e, soprattutto, la testimonianza del dottor Anthony Addington e di altri tre suoi colleghi. Se ancora non ci sono strumenti tecnologici per accertare la presenza della sostanza nel corpo della vittima, l'aspetto degli organi interni, ancora ben conservati, è tipico dell'intossicazione da arsenico, e poi c'è la prova sulla polvere recuperata dal camino. Basta passarvi un ferro arroventato perché si diffonda il classico odore d'aglio.

Sono sufficienti tredici ore di udienza perché sia decretata la condanna a morte. Il 6 aprile 1752 Mary Blandy viene impiccata. Prima di salire al patibolo, la donna pronuncia poche parole, passate alla storia: «Per il bene della decenza, signori, non mi impiccate troppo in alto».

Se Mary Blandy deve la sua condanna alle testimonianze di una scienza solo agli inizi, a conferire dignità alla nuova disciplina che si occupa di veleni è il francese Matheo-José-Bonaventure Orfila, noto come il «padre della tossicologia» dopo aver pubblicato, nel 1813, e a soli ventisei anni, il suo *Traité des poisons ou toxicologie générale*.

E il destino vuole che anche il nome di Orfila, come spesso accade con i grandi delle scienze forensi, sia legato a un altro celebre caso.

Quello di Mary Lafarge.

Nel gennaio del 1840 Charles Lafarge, un piccolo imprenditore francese, muore nella propria casa di Le Glandier. Diffusasi la notizia che la moglie aveva poco prima acquistato del veleno per topi, presto qualcuno comincia a sospettare che a uccidere l'uomo sia stata una generosa dose d'arsenico.

Durante l'autopsia si applicano i metodi scientifici appena scoperti, come il test di Marsh, e il risultato dell'esame del contenuto gastrico dà esito negativo. Non c'è arsenico.

Gli avvocati della difesa pensano di avere ormai ottenuto l'assoluzione della loro cliente, quando l'accusa nomina i propri esperti. C'è un'obiezione di fondo, osservano gli specialisti, e bisogna tenerne conto. Quel test ha valore quando viene applicato all'esame anche di altri organi e non solamente dello stomaco e del suo contenuto.

Non resta che riesumare il corpo di Lafarge, e il professor Orfila viene chiamato dalla corte a esprimere il proprio autorevole parere. Lo scienziato applica nuovamente il test di Marsh e il risultato non lascia dubbi. L'arsenico c'è e ha ucciso Charles Lafarge.

Il caso divide l'opinione pubblica francese in un partito colpevolista e uno innocentista. Il clamore non incide sulla severità della pena, l'ergastolo. Marie uscirà dal carcere nel 1850, graziata da Napoleone III. Morirà un anno dopo, senza avere mai smesso di proclamare la propria innocenza.

La moderna tossicologia forense è impegnata essenzialmente in tre campi d'applicazione: la rilevazione post mortem della presenza di sostanze nocive, la determinazione delle sostanze d'abuso nei fluidi biologici e l'investigazione del traffico di droghe e stupefacenti.

I progressi nei metodi di analisi e di riconoscimento e lo sviluppo di attrezzature di laboratorio sempre più sensibili e di specialisti preparati hanno portato a una drastica diminuzione del numero di omicidi per avvelenamento negli ultimi centocinquant'anni.

Il veleno è rimasto lo strumento preferito di alcune «categorie» di assassini, soprattutto donne, come gli angeli della morte che decidono di alleviare per sempre le sofferenze di chi è affidato alle loro cure, in istituti, ospedali o case di riposo. Oppure delle vedove nere, capaci di sbarazzarsi di compagni e mariti per poi riscuotere il premio dell'assicurazione sulla vita.

In fondo il veleno è un mezzo relativamente «pulito»: permette di agire senza nessun contatto diretto con la vittima. Asseconda quelle caratteristiche di maggior riguardo che sembrano proprie dell'universo femminile. Anche nell'uccidere.

Sostanze d'abuso e sistema nervoso centrale

Le sostanze di abuso che agiscono prevalentemente sul Snc si possono distinguere in quattro grandi categorie: i narcotici, i sedativi, gli stimolanti e gli allucinogeni.

La maggior parte delle sostanze ad azione narcotica è derivata dall'oppio, materia lattiginosa estratta dal *Papaver somniferum*. Nella forma grezza viene pressato in pani, di colore nero o marrone scuro, e da questi, attraverso processi di fermentazione, ebollizione e tostatura, si ottiene l'oppio disponibile sul mercato. Un prodotto che può essere masticato, mangiato o fumato, e che nella forma farmaceutica prende il nome di laudano.

Sempre dall'oppio derivano la morfina, la codeina e l'eroina. La morfina, o meglio il solfato di morfina, è ancora oggi una delle sostanze più utilizzate nella terapia del dolore, mentre la codeina si impiega come sedativo centrale della tosse. La codeina può talvolta essere usata come droga e iniettata in vena. Ma ha una potenza limitata, un sesto di quella della morfina, e questo la rende appetibile per i tossicodipendenti solo nel caso in cui non sia disponibile altro.

Ha ben altra diffusione l'eroina, una sostanza semisintetica che deriva dalla morfina attraverso una reazione chimica con anidride acetica. A dispetto del nome, derivato dal termine «eroe», l'eroina non produce affatto superpoteri. Sniffata, inalata o iniettata, costituisce una delle sostanze d'abuso più pericolose, sia per la capacità di indurre dipendenza, sia per la tossicità acuta, la cosiddetta overdose.

A produrre una depressione del sistema nervoso centrale sono essenzialmente l'alcol e i barbiturici.

L'alcol è probabilmente la più antica sostanza voluttuaria e certamente la più diffusa al mondo, con una pesantissima influenza sulle statistiche criminologiche: a livello mondiale si stima che il 50 per cento delle morti per suicidio avvenga in corso di ebbrezza, come pure il 50 per cento delle aggressioni mortali, mentre il 40 per cento delle vittime di omicidio risulta in stato di intossicazione. Per non parlare degli incidenti. O delle morti direttamente causate dall'alcol, per il suo ruolo di depressore del centro cardiaco e del centro del respiro.

La cocaina è lo stimolante più usato. Di origine vegetale, è estratta dalle foglie della *Erythroxylon coca*. Poi largamente diffuso è il gruppo delle amfetamine, lanciate originariamente sul mercato intorno al 1930 come rimedio per il raffreddore e per il mal di mare, e derivate tutte da una sostanza madre, la feniletilamina.

Nome: John Adam Belushi

Data e luogo di nascita: 24 gennaio 1949, Chicago, Illinois

Data e luogo di morte: 5 marzo 1982, West Hollywood, California

Aveva esordito in teatro a ventidue anni, ed era allora che aveva iniziato a usare droga, amfetamine soprattutto.

Nel 1975 è sul piccolo schermo con un programma, *Saturday night live* con cui vince un Emmy Award, l'Oscar della televisione. Poi arriva il cinema, *Animal House* di John Landis, *1941. Allarme a Hollywood*, di Steven Spielberg, e ancora Landis lo dirige in *The Blues Brothers*.

L'ultimo film, *Chiamami aquila*, esce nel 1982 e per la verità non è una gran cosa.

Forse per quello si ritrova un pomeriggio a parlare di morte con il suo amico Dan Aykroyd. Stanno ascoltando un pezzo alla radio, un rock vibrante, e Dan scherzando chiede a John di promettergli che, se morirà per primo, al suo funerale deve far suonare quella canzone.

Dan scherza, ma John gli chiede la stessa cosa, e sembra molto serio.

In quegli anni è quasi impossibile trovare a Hollywood qualcuno che non usi droghe, siano attori, registi o produttori. E John Belushi non fa eccezione.

La sera del 4 marzo 1982, dopo essere stato al Roxy Nightclub in compagnia di Robert De Niro e Robin Williams, rientra al Chateau-Marmont Hotel, bungalow numero 3. Deve lavorare con alcuni amici alla sceneggiatura di un film, ma si sente fiacco. Invece vuole essere carico, vivo, forte...

È Thomas Noguchi, medico legale, a esaminare per primo il suo corpo senza vita, e Ronald Kornblum a eseguire l'autopsia. La conclusione è: morte da overdose accidentale di eroina e cocaina, una miscela chiamata in gergo «speedball», che prima gli ha fatto perdere i sensi, poi gradualmente ha rallentato il respiro fino all'arresto.

Aveva solo trentatré anni e il suo corpo viene sepolto il 9 marzo al cimitero di Abel's Hill, a Martha's Vineyard.

Due giorni più tardi sono in mille per la commemorazione nella cattedrale di St John Divine di New York. Dan Aykroyd a un certo punto tira fuori un grosso stereo portatile, lo avvicina a un microfono e, come aveva promesso, diffonde per tutta la chiesa le note del pezzo rock. All'inizio qualcuno tra i presenti rimane attonito, ma poi, pian piano, sui volti di tutti inizia a sciogliersi un sorriso.

Gli allucinogeni comprendono a loro volta una grande varietà di prodotti, di origine vegetale come il peyote, la mescalina e la psilocibina, o di origine sintetica, come l'Lsd e l'ecstasy.

Chiamato anche Adam, Xtc o E, l'ecstasy è appunto una sostanza sintetica, la 3,4 metilenediossi-N-metileamfetamina, la cui abbreviazione è Mdma, capace di modificare le percezioni sensoriali e alterare lo stato di coscienza.

Negli ultimi anni si sta discutendo sull'opportunità di classificare tra gli allucinogeni anche i derivati della cannabis. Le nuove varietà ottenute per incrocio hanno una concentrazione di principio attivo, il Thc o tetraidrocannabinolo, da dieci a venti volte superiore al passato.

E i suoi effetti sono ancora poco conosciuti.

Prodotti farmaceutici

Qualunque farmaco, se utilizzato in forma e quantità inappropriate, può rivelarsi una sostanza capace di intossicare. Ci sono sostanze il cui sovradosaggio, accidentale o intenzionale, può condurre alla morte: barbiturici e psicofarmaci in genere. Oppure la digitale, un farmaco molto usato nelle malattie cardiache.

Ma può anche succedere che un banale prodotto da banco, venduto senza alcun bisogno di ricetta medica, possa nascondere un messaggio di morte.

> ... Il killer è un solitario, spinto dalla rabbia, dall'odio verso l'intera società. È probabile che nel passato sia ricorso a cure psichiatriche, abbia chiesto aiuto per gestire un'emotività spiccata, con scivolamenti depressivi alternati a crisi d'ansia e difficoltà a controllarsi. È possibile che nel corso della sua vita abbia deciso di lamentarsi apertamente per i soprusi che ritiene di avere subito dalla società. E lo abbia fatto tentando di contattare qualche personaggio di spicco, sia scrivendogli che telefonandogli. È probabile che l'assassino si sia sentito respinto e rifiutato da chi ha cercato di interpellare per un ascolto e un aiuto, e questo abbia ulteriormente alimentato la sua rabbia e lo abbia spinto a uccidere, a uccidere chi capitava, e a non smettere.

Un profilo criminale, un identikit psicologico tracciato da John Douglas, Unità di Scienze del comportamento dell'Fbi, per uno dei casi più clamorosi della storia del crimine: i Tylenol Murders, gli omicidi del Tylenol.

Tutto ha inizio il 29 settembre 1982, in un sobborgo di Chicago, quando una ragazzina di dodici anni, Mary Kellerman, chiede ai genitori qualcosa per il mal di gola e il raffreddore che le procurano un gran fastidio. Le danno una capsula di Tylenol, un farmaco antinfluenzale comune, tanto che lo si trova in quasi tutti gli armadietti dei medicinali nelle case americane. In Italia lo conoscono tutti, anche se con un nome diverso: è la Tachipirina.

La mattina dopo Mary viene trovata a terra, svenuta, e

portata d'urgenza in ospedale dove muore poche ore dopo. I medici non riescono a fornire una spiegazione di quello che è successo, e si affidano ai risultati dell'autopsia. Scopriranno presto che Mary Kellermann, al posto del paracetamolo, ha ingerito una dose letale di cianuro.

Il pomeriggio dello stesso 29 settembre tocca alla famiglia Janus. Qualche sintomo d'influenza, una capsula di Tylenol. Sono in tre ad avere un collasso, e nessuno sopravvive all'avvelenamento.

Il primo a intuire che i casi sono collegati è un pompiere di nome Philip Capitelli, che lancia l'allarme a Chicago, ma non può impedire che il 30 settembre altre tre persone perdano la vita.

Il 1° ottobre la multinazionale Johnson & Johnson ritira dal mercato di Chicago 264.000 flaconi di Tylenol, e quattro giorni dopo la decisione è estesa a tutti gli Stati Uniti, per poi coinvolgere il Canada, l'Europa e l'Asia. Il danno economico e di immagine per la multinazionale è enorme.

Gli investigatori, nel frattempo, risalgono ai punti vendita in cui sono state acquistate le confezioni avvelenate, e in ciascuno dei cinque negozi identificati trovano un flacone contenente paracetamolo e cianuro. Questo fatto viene analizzato, e si inizia a ipotizzare che il criminale abbia comprato o rubato il Tylenol, abbia aggiunto il veleno alle capsule e poi lo abbia riportato al negozio.

E come spesso accade in casi simili, si fanno avanti un buon numero di mitomani e di sciacalli, ricattatori più o meno ingenui. Come James Lewis, un contabile disoccupato che tenta di estorcere un milione di dollari alla Johnson & Johnson, e ottiene il premio di trascorrere dodici anni nel penitenziario federale di Reno, nel Nevada, da cui esce solo nell'ottobre del 1995.

Sono passati ventitré anni ormai, ma non si sa ancora nulla del killer del Tylenol, un assassino seriale che ha colpito sette volte senza conoscere il suo bersaglio. Affetto da un senso di onnipotenza narcisistica così delirante da indurlo a credersi dio, e dispensare la morte con la casualità più disarmante e banalmente feroce.

Droghe d'abuso come l'eroina, farmaci assunti in combinazione o in quantità smodate, banali rimedi per l'influenza sostituiti da potenti veleni.

Ma ci sono moltissime sostanze che possono risultare letali per l'uomo, come quelle riassunte in questa tabella.

PRINCIPALI TIPI DI VELENI

1. *Irritanti*
a. Acidi e basi minerali
• Acido solforico (vetriolo)
• Acido idrocloridrico (ac. muriatico)
• Ammoniaca
• Acido nitrico
b. Acidi organici
• Acido carbonico (fenolo)
• Acido ossalico
• Acido idrocianidrico (ac. prussico)

2. *Metallici*
• Arsenico
• Antimonio
• Mercurio
• Piombo
• Tallio

3. *Organici o vegetali*
a. Alcaloidi
• Gruppo della belladonna
• Stricnina
b. Non alcaloidi
• Idrato di cloralio

4. *Gas*
- Fosgene
- Sulfide di idrogeno
- Monossido di carbonio
- Biossido di carbonio

5. *Intossicanti alimentari*
a. Batterici
- Gruppo della Salmonella
- Botulino

b. Non batterici
- Funghi (*Amanita phalloides*)

Basta scorrere rapidamente la tabella per individuare, tra sostanze comunque molto diffuse, alcune nettamente preferite dagli avvelenatori. A cominciare dall'arsenico, il «re dei veleni».

L'arsenico in forma grezza è un minerale grigio, e la lavorazione lo riduce a una polvere bianca che non ha quasi sapore. I sintomi di avvelenamento compaiono alcune ore dopo l'ingestione: gusto metallico in bocca con alitosi agliacea, bruciore allo stomaco, vomito, diarrea profusa anche emorragica, disidratazione. Poi il battito accelera e la pressione arteriosa cala fino allo shock. Subentrano infine il coma, le convulsioni e la paralisi.

Un altro metallo letale è il tallio, che ridotto in finissima polvere si scioglie nell'acqua e non lascia retrogusto. Produce sintomi simili a quelli di una forte influenza, e un suo segno particolare è l'improvvisa perdita di capelli. L'antimonio costringe invece l'avvelenatore a somministrarlo in piccole dosi nel tempo, perché la vittima non possa riconoscere il suo fortissimo sapore metallico. Provoca nausea e vomito, crampi e sudorazioni, tachicardia e aritmia. Il suo bersaglio è il cuore.

Il piombo, o meglio il veleno ottenuto dall'acetato di

piombo, è spesso implicato in casi di intossicazione accidentale, più che di somministrazioni dolose. Potente, ne bastano pochi grammi per uccidere dopo aver provocato fitte lancinanti allo stomaco, vomito, diarrea e coma. Colpisce soprattutto il cervello, il fegato e il sistema circolatorio.

Un salto nella botanica ci porta a veleni classici, dal sapore antico, come la belladonna, passata alla storia come la preferita dai Borgia per risolvere drasticamente le questioni più imbarazzanti. A chi la assume procura febbre, allucinazioni e coma, fino alla paralisi mortale del battito cardiaco e del respiro. E ancora l'aconito, conosciuto fin dall'antichità come una pianta mortale, al punto da essere associata a Cerbero, il cane a guardia degli Inferi. Viene estratto dalle radici di una ranuncolacea, e a piccole dosi ha una buona efficacia come analgesico. A dosi maggiori genera torpore, tremori e vertigini, insensibilità e gonfiore alla lingua. Porta alla paralisi, rende il respiro sempre più lento e faticoso e il battito irregolare, fino alla morte. Una morte cosciente.

Celebrata nelle cronache e nei romanzi gialli è la stricnina, un alcaloide cristallino presente in varie specie vegetali del genere *Strychnos*. Entro un'ora dall'assunzione compare irrigidimento dei muscoli del collo e del viso, particolari convulsioni chiamate «stricniche», con contrattura tonica dei muscoli antigravitari e opistotono. Anche in questo caso la vittima rimane cosciente, mentre va incontro all'arresto respiratorio finale.

Ma se c'è un veleno che compete per triste fama con l'arsenico questo è certamente il cianuro, con il suo odore di mandorle amare che tutti conoscono, ma che veramente pochi saprebbero distinguere.

Con il termine di cianuro si indicano diverse sostanze inorganiche come l'acido cianidrico, il cianuro di sodio o di potassio, accomunate dal fatto che contengono tutte il gruppo cianidrico -CN. Ed è proprio lo ione CN^- a essere responsabile dei sintomi di avvelenamento, bloccando irreversibilmente gli enzimi ossidativi della catena respiratoria; una volta ingerito provoca intorpidimento della gola, ansia e confusione, vertigini, respiro accelerato e poi difficile, alitosi con odore di mandorle amare, incoscienza quasi istantanea seguita dalle convulsioni e infine dalla morte per arresto respiratorio.

Come in questo caso, avvenuto proprio in Italia, a Roma, nel febbraio del 2000, che qui ripercorriamo attraverso le fonti d'agenzia.

RAGAZZA UCCISA COL CIANURO:
DAI SOSPETTI AL COLPO DI SCENA

(ANSA) - ROMA, 8 GEN - Sembrava la storia di una ragazza di 29 anni morta per un'oscura intossicazione da farmaci, ma dopo undici mesi arrivò il colpo di scena: Francesca Moretti era stata uccisa con una forte dose di cianuro e a finire in manette fu la sua migliore amica, con cui divideva l'appartamento, Daniela Stuto.

A far nascere i primi sospetti sulla studentessa di Lentini (Siracusa) sono state alcune sue dichiarazioni contraddittorie. La giovane in un primo momento, dopo la terribile morte dell'amica, avvenuta il 22 febbraio del 2000 all'ospedale romano San Giovanni, disse che «sicuramente Francesca si era suicidata».

Successivamente davanti agli investigatori negò di avere mai pronunciato quella frase. In un'altra occasione, Daniela Stuto raccontò di avere parlato con la madre di Francesca, la quale in seguito alla lettura del diario era arrivata a capire chi l'aveva uccisa: «Lei disse che non bisognava parlarne con gli inquirenti perché era una cosa troppo grossa e doveva proteggere la famiglia e pure noi che avevamo vissuto con Francesca». Le due dichiarazioni dell'imputata sono state smentite da tutti i testimoni ascoltati: la vittima – è stato affermato unanimemente – non aveva alcun motivo per suicidarsi, anzi, nonostante una storia d'amore tormentata con un giovane Rom già sposato e con figli, Graziano Halilovic, nell'ultimo periodo aveva trovato una soluzione ed era in procinto di lasciare Roma per andare a vivere con lui. Francesca aveva già preparato le valigie e stava aspettando che le passasse un brutto attacco di lombosciatalgia per partire.

Anche l'altra ragazza che divideva l'appartamento con Francesca e Daniela, Mirela Nistor, ha confermato il carattere allegro e positivo dell'amica e ha smentito che la madre della Moretti avesse detto loro di non parlare agli inquirenti del diario: aveva detto, invece, che quel quaderno era una cosa molto privata ed era meglio tirarlo fuori solo se la polizia lo avesse chiesto.

A rendere più pesante la posizione della Stuto tuttavia è stata la ricostruzione delle ultime ore di vita di Francesca.

Quel giorno alle 12 la giovane fu visitata a casa da un medico a causa dei forti dolori muscolari e oltre al dolore non fu riscontrato altro. Più tardi, intorno alle 15, Daniela preparò una minestra con il formaggino (inizialmente secondo l'accusa il cianuro le era stato somministrato insieme con la pastina, successivamente in seguito ad una perizia la circostanza sembra essere stata esclusa in favore di una bibita al limone che le ragazze erano solite bere).

La Stuto nelle sue dichiarazioni spostò indietro l'ora del pranzo, ma l'infermiera che era andata a casa intorno alle tre del pomeriggio disse che la ragazza aveva appena finito di mangiare. Alle 17 Francesca cominciò a stare male: le si gonfiarono le gambe e l'addome e cominciò a diventare cianotica. Daniela era uscita per fare la spesa nonostante il peggioramento dell'amica (secondo gli investigatori aveva bisogno di disfarsi del resto del cianuro).

In casa rimase Mirela che, dopo avere chiamato il fidanzato, un ispettore di polizia, telefonò per chiedere un'ambulanza.

Francesca chiese che ad accompagnarla all'ospedale fosse Daniela che intanto era rientrata.

Alle 19.35 Francesca morì tra atroci sofferenze.

OMICIDIO AL CIANURO:
NESSUN COLPEVOLE PER MORTE FRANCESCA

(ANSA) - ROMA, 10 APR - Solo otto udienze, un processo velocissimo, quasi un dibattimento lampo per stabilire che Daniela Stuto non ha commesso il fatto, non è stata lei ad uccidere la giovane con cui divideva l'appartamento di San Lorenzo a Roma: quindi nessun colpevole per la morte di Francesca.

Un processo durante il quale non è stato accertato il nome del colpevole, il nome di chi ha troncato la vita di Francesca con una dose di 300 milligrammi di cianuro.

Oggi pomeriggio nell'aula della seconda Corte d'Assise di Roma, a Rebibbia, la tensione era altissima. Tutti coloro che hanno preso parte al processo non potevano nascondere lo stato di agitazione. Una tensione che si leggeva sul viso serio e gelido del pubblico ministero, Lina Cusano, sulle facce dei poliziotti che su questo caso hanno lavorato giorni e notti per mesi e mesi. Su quelle degli avvocati. Il peso della responsabilità gravava sui giudici, il presidente Mario Lucio D'Andria e il suo giudice a latere Elio Michelini, e sui giurati. Un'ansia fortissima trattenuta a stento dall'imputata, dal suo fidanzato, dai suoi suoceri, dalle sue amiche. Emozioni forti che sono sfociate in un pianto collettivo e liberatorio di chi in tutti questi mesi è stato vicino a Daniela Stuto.

Alla fine, quando la sentenza è stata letta con voce chiara e tono asciutto dal presidente D'Andria il silenzio è stato rotto solo dai singhiozzi. I cronisti hanno aspettato stretti intorno a Daniela Stuto che si calmasse, che riprendesse il controllo, e dopo lei non si è sottratta: ha voluto parlare e l'ha ripetuto più volte, era lei che aveva ragione.

Venti minuti dopo la decisione le luci nell'aula si sono spente, gli operatori sono andati via, un capitolo di cronaca giudiziaria si è chiuso e tra i cronisti qualcuno non si è trattenuto dal commentare: «un altro delitto senza responsabili a Roma».

OMICIDIO AL CIANURO:
APPELLO: DANIELA STUTO ASSOLTA

(ANSA) - ROMA, 3 GIU - La I Corte d'assise d'appello di Roma, presieduta da Antonio Cappiello, ha confermato la sentenza di assoluzione di Daniela Stuto, emessa dalla II Corte d'assise di Roma il 10 aprile 2002, per non aver commesso il fatto.

La giovane, che oggi ha 29 anni, aveva trascorso un giorno in carcere e un anno e quattro mesi agli arresti domiciliari.

OMICIDIO AL CIANURO:
MOTIVI ASSOLUZIONE STUTO, FRUSTRAZIONE PM

(ANSA) - ROMA, 11 LUG - Per la Corte presieduta da Antonio Cappiello, che ha confermato l'assoluzione in primo grado, «è pacifico che vi è stato un avvelenamento da cianuro», tuttavia, «ipotesi per ipotesi – continua il documento – nulla vieta che sia stata la Nistor a somministrarlo o che sia stata la stessa Moretti a prenderlo dopo esserselo procurato attraverso l'Halilovic o che sia stato costui a farglielo ingerire per chiudere un rapporto ormai esaurito ma gravido di conseguenze».

I giudici infatti sottolineano che «la Stuto non è mai rimasta sola per tutto il giorno con la Moretti ma solo per brevi periodi per cui si poteva fondatamente escludere la responsabilità di terzi per l'impossibilità della somministrazione del veleno». In quanto al movente: «Si dirà che la Nistor non ha alcun movente ma altrettanto può dirsi della Stuto».

Mirela Nistor, Daniela Stuto, Antonella Pirini e la vittima, Francesca Moretti, vivevano insieme nello stesso appartamento, Graziano Halilovic era il fidanzato della Moretti.

Proprio sul movente i giudici spiegano che «il pm ha cercato in ogni modo di trovarne uno perché era ben conscio del mancato accertamento dei motivi determinanti del reato (c.d. movente)».

Ai fini investigativi potrebbero in questo senso essere coinvolti Halilovic o sua moglie, i quali, «ad esempio, potevano avere un movente facilmente sostenibile e dimostrabile e forse avevano anche la possibilità di procurarsi facilmente il cianuro, cosa che non poteva fare la Stuto, anche se in quel giorno i due non sono mai entrati in casa, almeno secondo tutti i testi». E a tal proposito la Corte ricorda che si era parlato di una scatola di cioccolatini che Halilovic avrebbe regalato alla Moretti in occasione di San Valentino, «mai più ritrovata anche perché mai cercata».

Le critiche non risparmiano la madre della vittima, Maria Assunta Berloni, che dichiarò di aver distrutto il diario della figlia per tutelare la sua immagine. «Non si può escludere che, letto da esperti – è il parere dei giudici – poteva fornire lo spunto per altra ipotesi accusatoria da verificare allora oppure per sostenere la tesi del suicidio escludendo la responsabilità dei terzi». Infatti, viene segnalato un aspetto: «Le annotazioni, quindi, non riguardavano solo i pensieri intimi della figlia ma anche fatti e circostanze che al momento potevano rivelarsi utili per la ricostruzione degli eventi come si evince anche dalle dichiarazioni della Pirini dopo aver letto il famoso diario».

Insomma, in assenza di altri elementi, «nel periodo in cui poteva essere somministrato il cianuro, e non vi sono prove e/o moventi che siano state le dette persone (Stuto, Giuliani, Marcellini, Nistor) a somministrarlo, l'unica ipotesi plausibile è quella del suicidio, si ripete, ipotesi, ma l'unica plausibile anche perché fattibile né può essere ritenuta un'ipotesi offensiva per la memoria della Moretti dato che il suicidio non è che uno dei tanti modi di morire.

«Il cianuro – continuano i motivi – potrebbe essere stato procurato dall'Halilovic, che ne aveva la facoltà, e potrebbe essere stato ingerito in qualsiasi modo in un momento di disattenzione della Stuto o della Nistor».

Tossicologia forense

Dal punto di vista di chi investiga, l'omicidio per avvelenamento è un fenomeno abbastanza raro. È decisamente più facile trovarsi davanti a un caso di ingestione accidentale, oppure a un suicidio, o ancora a situazioni di overdose. Ma questo non interessa al professionista della scena del crimine, che ha sempre un primo approccio completo e che mai sposa una sola ipotesi, una sola possibile interpretazione dei fatti. Dedica invece al caso un esame attento e lo completa con tutte le informazioni disponibili da parte dei testimoni, che si tratti di familiari o semplici conoscenti.

Già all'ingresso sulla scena l'investigatore può notare la presenza di sostanze o liquidi sospetti, che documenta e reperta con cura per le future indagini tossicologiche. Bisogna raccogliere ogni tazza, ogni bicchiere in cui la vittima potrebbe avere bevuto, ogni liquido o solido che potrebbe avere ingerito. I liquidi, in particolare, vanno raccolti in contenitori sterili e sigillati per essere inviati al laboratorio, mentre per i residui o i materiali solidi ci sono appositi contenitori di carta o cartone.

Qualche volta i segni presenti sul corpo della vittima possono dare una prima indicazione sulle cause della morte. Bruciature alle labbra e agli angoli della bocca suggeriscono ad esempio l'assunzione di sostanze caustiche. Un fatto non raro nei casi in cui la depressione non abbia lasciato al malato altre possibilità che il suicidio.

Segni di puntura, ancor più se accompagnati dalla tipica «attrezzatura» per la preparazione delle droghe, possono invece far sospettare un'overdose. Ma naturalmente l'ultima parola spetta al tavolo anatomico e al laboratorio di tossicologia: anche l'ago inserito in vena può sempre far parte di uno staging, di una messa in scena, di un omicidio camuffato.

Un centro di analisi tossicologiche riserva a ogni sostanza sospetta un duplice approccio. Per prima cosa viene effettuato un test di screening, seguito poi da analisi di conferma, e questo per due motivi: così facendo l'accuratezza dei risultati è maggiore, e poi è possibile riservare le indagini più lunghe e costose solo ai campioni che sono stati già selezionati da un primo esame.

I test di screening sono di tre tipi: test immunologici, che utilizzano anticorpi specifici in grado di reagire con una determinata sostanza, la cromatografia su strato sottile, e la spettrofotometria all'ultravioletto.

La cromatografia su strato sottile o Tlc (Thin Layer Chromatography) è una tecnica di semplice preparazione e rapida esecuzione, e come tutte le cromatografie si basa sulla diversa ripartizione di sostanze differenti tra una fase stazionaria e una fase mobile, in funzione dell'affinità di ogni sostanza con esse.

La fase stazionaria è di solito costituita da uno strato di gel di silice, più raramente allumina, cellulosa in polvere o polvere di diatomee, depositato con uno spessore di circa un millimetro su una lastrina di vetro. La fase mobile invece è data da uno o più solventi, capaci di separare i componenti della miscela da analizzare. Sul fondo di un contenitore in vetro si pone uno strato di fase mobile di circa un centimetro e ci si immerge l'estremità inferiore della lastrina di vetro con il gel sulla quale è stata in precedenza posta una goccia del campione da separare. Il solvente sale lungo la lastrina, trascinando con sé in maniera diversa, e quindi separandoli, i componenti della miscela.

La spettrofotometria all'ultravioletto ci porta invece al più ampio settore della spettroscopia, che è la misura e lo studio di uno spettro. In origine con il termine spettro si intendeva la gamma di colori visibile quando un fascio di luce bianca attraversa un prisma; poi, con la scoperta della natura ondulatoria della luce, ci si è riferiti all'intensità della luce in funzione della lunghezza d'onda o della frequenza. Oggi il termine ha un significato ancor più generale, che rimanda al flusso o all'intensità di una radiazione elettromagnetica o di particelle come atomi, molecole o altro, in funzione della loro energia, lunghezza d'onda, frequenza o massa.

Lo strumento utilizzato per la misurazione si chiama spettrometro o spettrografo, oppure spettrofotometro quando in particolare stima lo spettro elettromagnetico. In base poi alle caratteristiche delle radiazioni misurate si parla di spettrofotometria all'ultravioletto/visibile, spettrometria all'infrarosso, spettrometria di assorbimento atomico e di spettroscopia di risonanza magnetica nucleare.

Dopo i test di screening, le analisi di conferma su campioni tossicologici prevedono invece l'impiego di un gascromatografo, eventualmente associato a uno spettrometro di massa. Se poi si pensa che il campione analizzato contenga veleni metallici, si utilizzano metodi colorimetrici, la spettrometria di assorbimento atomico e l'analisi per attivazione neutronica. Quest'ultima tecnica si basa sulla considerazione che quando si sottopone una qualsiasi sostanza a un flusso neutronico, tutti gli atomi presenti nel campione possono catturare un neutrone e trasformarsi in un isotopo del nucleo di partenza. L'isotopo è spesso radioattivo, e decade emettendo caratteristiche radiazioni gamma. L'analisi delle radiazioni gamma emesse da un campione sconosciuto, investito da un flusso di neutroni, permette quindi di ottenere informazioni sulla sua composizione qualitativa.

I tempi del professor Herman Boerhaave e del suo «metodo olfattivo» appartengono ormai alla preistoria della tossicologia.

VI
Negli abissi della mente

Il caso di Luigi Fasulo

Sono le sei di un giovedì sera di aprile quando all'improvviso le trasmissioni della Cnn si interrompono per collegarsi in diretta con l'Italia e trasmettere immagini da apocalisse. *Plane hits Milan skyscraper* dicono i titoli che scorrono in sovraimpressione, un aereo colpisce un grattacielo di Milano, e infatti si vede un grattacielo che sembra in fiamme, con un buco in cima da cui esce fumo e una pioggia di vetri e di carte che roteano nell'aria come coriandoli. Sotto il grattacielo, in piazza Duca D'Aosta, c'è una confusione indescrivibile, con gente che scappa da tutte le parti e alcune persone che hanno i vestiti coperti di sangue. La metropolitana e la stazione vengono chiuse, l'Hotel Gallia Excelsior, che si trova oltre la piazza, viene evacuato in fretta e viene evacuato anche il consolato americano, immediatamente sorvolato da un elicottero. Per sicurezza.

Perché, anche se non si sa bene cosa sia successo, si capisce subito che un aereo è andato a schiantarsi contro un grattacielo nel centro di Milano e non importa quale sia la causa del disastro, è un fatto troppo simile a quello che è successo a New York l'11 settembre 2001, soltanto sette mesi e sette giorni prima. Quando due aerei di linea dirottati dai terroristi di Al Qaeda si sono schiantati contro le Twin Towers, provocando più di tremila morti.

Il panico, a Milano e nel mondo, dura mezz'ora. Il tempo che basta ai vigili del fuoco e alle autorità per rendersi conto che ciò che è successo non ha né quelle proporzioni né, probabilmente, quelle cause. Piano piano il traffico torna normale, si riaprono le stazioni della metropolitana e la gente rientra nelle case e negli alberghi. Ma tanti, tantissimi, si affollano sotto il grattacielo Pirelli di piazza Duca D'Aosta a guardare in su, a quella lunga ferita annerita che si apre sulla facciata, all'altezza del ventisettesimo piano. Hanno tutti in testa la stessa domanda. Cosa è successo?

Cominciano ad arrivare le prime notizie. L'aereo è un Air Commander, un aereo da turismo monomotore. È immatricolato in Svizzera con il nominativo HBNCX. Proviene dall'aeroporto di Locarno-Agno. A bordo c'è solo il pilota.

Si chiama Luigi Fasulo, e in molti lo chiamano Gino. Ha sessantacinque anni, è piccolo di statura, allegro e simpatico, veste sempre in modo sportivo. È un esperto di volo, anche se qualche volta un po' spericolato. Ama la buona cucina, i cavalli e la bella vita. Parla quasi sempre in dialetto ticinese. È sposato con Filomena e ha due figli: Giorgio e Marco. Giorgio è ingegnere. Marco è pilota per la Swiss, un'importante compagnia aerea svizzera.

Gino è di origini campane, lascia il suo paese nel 1946, all'età di dieci anni, per trasferirsi in Ticino con la madre. Il padre è morto in guerra. In Svizzera comincia subito a darsi da fare. È intraprendente. Ripara elettrodomestici, noleggia flipper e juke-box. Gestisce anche un bar, il Micki. Che poi rivende.

Ma è con gli aerei che fa fortuna. Come pilota, ma non solo. Diventa titolare di una piccola impresa di aerotaxi e venditore di aerei. Ma è anche piccolo finanziere, specializzato nel promuovere l'acquisto di opere d'arte. Diventa amico e pilota di personaggi importanti: imprenditori, banchieri, finanzieri, attori. Rosanna Schiaffino lo ricorda così: «Mi portò varie volte dalla Sardegna a Milano con la mia famiglia».

Di incidenti veri nella sua carriera di pilota ne ha uno solo, a Zurigo nel 1983, quando, trovatosi a corto di carburante danneggia l'aereo durante l'atterraggio. È un episodio grave per un pilota professionista. Gli amici lo soprannominano «short of fuel», a corto di carburante. Gino è talmente scaltro, però, che riesce a farsi ripagare il velivolo incolpando la torre di controllo per averlo ingannato sul vento.

Per il resto, tanti atterraggi fortunosi: a Tripoli in mezzo a una bufera, a Parigi nella nebbia, a Zurigo in un prato. Un po' spericolato, quindi, ma con «una freddezza eccezionale», come lo ricorda un suo compagno di volo.

Per questo, tra chi lo conosce, nessuno crede a un errore. Com'è possibile allora che si trovasse a volare proprio sopra Milano, in uno spazio aereo assolutamente vietato? Se doveva atterrare a Linate, era del tutto fuori rotta. Ha più di cinquemila ore di viaggio alle spalle, Gino, anni di esperienza, non può non saperlo. Che ci fa allora nei cieli di Milano, dove è proibito volare? E come mai vola a quota bassa, a un'altezza invisibile per i radar?

Gino non ce lo può più dire, è morto nell'impatto con il grattacielo. E con lui sono morte altre due persone che a quell'ora si trovavano al ventisettesimo piano del grattacielo, negli uffici della Regione Lombardia, a lavorare. Anna Maria Rapetti, quarantun anni, che lascia una figlia di tre anni, e Alessandra Santonocito, quarantadue. Poi ci sono i feriti, trentaquattro.

Ma poteva andare peggio.

Alle sei del pomeriggio nel grattacielo molti uffici sono vuoti. A quell'ora, al momento dell'impatto, c'erano circa trecento persone a lavorare, quasi tutte ai piani bassi, perché agli ultimi piani sono in corso dei lavori di ristrutturazione. In ora di punta, nel Pirellone, ci sarebbero state circa milleduecento persone. Poteva davvero andare peggio.

Il grattacielo Pirelli conta trenta piani. È stato costruito alla fine degli anni Cinquanta su progetto di un famoso architetto, Gio Ponti, ed è uno dei simboli del boom economico della Milano del dopoguerra perché è l'edificio più alto della città. Voluto da Alberto Pirelli, presidente dell'omonima industria, viene acquistato in seguito dalla Regione Lombardia e al suo interno ci sono la sala del Consiglio regionale e gli uffici di otto Direzioni generali. È un simbolo, il grattacielo Pirelli.

Le domande che gli investigatori si pongono sono tante. Ci sono delle anomalie nella ricostruzione dell'ultimo volo di Luigi Fasulo.

All'Aeroclub di Locarno dichiarano di averlo visto tranquillo prima della partenza. Descrivono il suo Air Commander come un aereo vecchiotto, ha ventisei anni, ma «tecnicamente a posto». Gino doveva effettuare un volo brevissimo, di routine. Un volo di soli venti minuti fino a Linate e ritorno. Con il solo scopo di fare il pieno di carburante. Perché, se il piano di volo prevede un viaggio all'estero, il carburante è «sdoganato», costa la metà.

E Gino aveva in programma per quel giorno un altro volo. È decollato in orario, alle 17.15, con una manovra impeccabile. «Era bravissimo, un freddo, con lui ci si sentiva sempre tranquilli» racconta un suo amico pilota. Certo, ma era anche spericolato. Gli amici, per scherzo, lo chiamavano «Fasullo». Ma anche «un cow boy del volo».

L'Enav, l'Ente nazionale assistenza al volo, ricostruisce «tecnicamente» l'accaduto e mette la documentazione a disposizione delle autorità competenti.

Vediamo cosa succede in quei venti minuti.

Fasulo decolla alle 17.15 dall'aeroporto di Locarno-Agno con un piano di volo che lo autorizza alla rotta verso Milano-Linate, dove effettuerà uno «scalo tecnico» – quel pieno di carburante di cui parlano i colleghi –, e al rientro a Locarno. Alle 17.42 l'aereo arriva presso la pista dello scalo milanese dove ha già chiesto una prima volta l'autorizzazione ad atterrare, ritardata per motivi di traffico. Fasulo avvia la procedura di avvicinamento per l'atterraggio, ma appare non allineato con la pista. Alla richiesta di spiegazioni il pilota comunica di avere un «piccolo problema al carrello». Ma non lancia un messaggio di emergenza.

C'è già un'anomalia.

Fasulo alle 17.42 ha comunicato il problema del carrello alla torre di Locarno-Agno, la stazione di rientro. E soltanto adesso, dietro richiesta, lo comunica a quella di Linate. A questa domanda gli investigatori non riescono a trovare risposta. Perché, se l'aereo ha problemi al carrello, Gino cerca comunque di avvicinarsi alla pista di atterraggio di Linate senza lanciare un Sos?

Linate dà istruzioni all'Air Commander di «circuitare sull'anello di attesa Ata». Si tratta di una ellisse a ovest dello scalo, lungo la periferia della città. Una traiettoria che non incrocia assolutamente il grattacielo. Praticamente Fasulo non deve far altro che attendere a ovest del campo di atterraggio. Invece allontana il velivolo verso nord senza chiedere nemmeno l'autorizzazione ad abbandonare la zona.

Cosa ha in mente Fasulo?

La torre di controllo lo richiama per segnalare che l'aereo sta procedendo verso una direzione sbagliata. Gino risponde in maniera distratta che sta risolvendo il suo problema al carrello. Linate gli ordina di nuovo di prepararsi per l'atterraggio sulla pista libera.

L'aereo prosegue il suo viaggio come se il pilota non avesse sentito il messaggio. La torre richiama altre due volte il pilota, ma non riceve alcuna risposta. Anzi, l'aereo scompare dalla vista dei controllori che scrutano con i binocoli il cielo. Scompare anche la traccia radar.

L'aereo vira bruscamente puntando verso ovest a una velocità eccessiva per l'estrazione del carrello.

Diversi testimoni, tra cui anche alcuni poliziotti di sorveglianza al grattacielo, dichiarano di aver visto, prima dell'impatto, l'Air Commander virare in direzione dell'edificio.

Lo hanno visto abbandonare volontariamente la rotta che stava seguendo.

Abbassarsi. Allinearsi.

Centrare in perfetto assetto di volo il Pirellone.

Come è possibile?

L'Air Commander è un tipo di aereo che non ha il pilota automatico. Deve essere per forza condotto dal pilota e se il pilota ha un problema a bordo, se è impegnato nell'estrazione manuale del carrello, se durante questa manovra perde il controllo dell'aereo o, come viene ipotizzato, ha un malore, come fa l'aereo a centrare il grattacielo in pieno allineamento? Soprattutto se la cabina, come ipotizza qualcun altro, è invasa dal fumo per un incendio a bordo. Soprattutto se il pilota sta consultando il manuale dei comandi di emergenza che all'esame della perizia viene trovato fuori dal suo posto normale.

Ci sono ancora delle anomalie.

Per l'antiterrorismo, Luigi Fasulo non è soltanto un commerciante svizzero di sessantacinque anni residente vicino a Locarno, con una moglie, due figli e cinquemila ore di volo alle spalle. Per l'antiterrorismo, Luigi Fasulo è una persona dalla vita complicata. Negli archivi della polizia svizzera ha precedenti per contrabbando di opere d'arte e preziosi. Ha contratto debiti di recente, e ha i beni sequestrati. Per l'antiterrorismo, Luigi Fasulo dovrebbe essere molto preoccupato.

E poi c'è quel fatto dell'allineamento. Con un'avaria a

bordo è impossibile allinearsi per centrare in pieno un grattacielo. Per attivare manualmente il carrello c'è una pompa idraulica sul pavimento e occorrono dalle cinquanta alle settanta pompate. Non si riesce a tenere allineato l'aereo. Se il grattacielo dall'asfalto sembra enorme, dall'alto viene visto come uno spillo. Bisogna scendere apposta a cercarlo tra i tetti di Milano. È alto centoventisette metri. L'aereo volava a quota cento. A Milano è vietato volare sotto i milleduecento.

Un caso? I tecnici stabiliscono che la probabilità di centrare il grattacielo sia una su un milione.

Viene subito escluso che Luigi Fasulo sia un kamikaze. Gli investigatori vagliano la tesi del suicidio. Un uomo di sessantacinque anni, inseguito dai creditori, può, in maniera disperata, decidere di risolvere i suoi problemi con un incidente. Una buona assicurazione sulla vita aiuterebbe i familiari. Ma per riscuotere l'assicurazione bisogna far finta di avere un guasto, non ci si può suicidare. È successo questo?

Il corpo di Fasulo viene recuperato tra le macerie dell'edificio e sottoposto ad autopsia.

Il 22 aprile, a pochi giorni dal disastro, l'Istituto di Medicina legale di Milano trova un'alta concentrazione di anidride carbonica nel corpo di Gino. Se questa sostanza è presente nel sangue, è possibile che la morte sia avvenuta dopo un certo intervallo di tempo, è possibile che l'aereo si sia incendiato e che Fasulo l'abbia respirata prima dell'impatto. Ma il sangue si sarebbe potuto saturare anche dopo l'impatto, negli ultimi istanti di vita. Non è certo che ci sia stato un incendio a bordo. È certo comunque che Fasulo non sarebbe stato colto da malore o da infarto. È invece impossibile stabilire se l'uomo abbia avuto un ictus: «Questa eventualità» precisa il magistrato «è praticamente impossibile da appurare a causa delle condizioni in cui è stata trovata la testa».

Viene recuperato il carrello anteriore del velivolo. Si trova intatto nel blocco motore, nella sua posizione naturale, e questo farebbe escludere un tentativo di estrazione d'emergenza.

Lo stesso giorno undici piani del grattacielo vengono riaperti. Gli impiegati tornano al lavoro. L'impatto non ha lesionato le strutture dei piani inferiori che sono tornati agibili. È bastata la rimozione dei rottami che rischiavano di cadere e colpire i passanti.

Il 23 aprile, nel Duomo di Milano, si svolgono i funerali di Anna Maria Rapetti e Alessandra Santonocito. È presente anche il presidente della Repubblica Ciampi. La messa viene officiata dall'arcivescovo di Milano, Carlo Maria Martini.

Dopo qualche giorno, il 26 aprile, a Lugano, gli amici e i parenti salutano per l'ultima volta Luigi Fasulo con una cerimonia scarna, con un *Va' pensiero* che risuona dagli altoparlanti. Durante la messa padre Donato Candreia dice: «Luigi aveva un cuore nobile e, se avesse deciso di uccidersi, avrebbe scelto una montagna. Mai avrebbe coinvolto persone e cose».

Si susseguono numerose dichiarazioni, spesso contraddittorie. «Vedremo come va l'inchiesta» dice Giorgio, uno dei figli. «Noi al suicidio non abbiamo mai creduto.» Anche la moglie non crede al suicidio e racconta la giornata di Gino prima di partire per Linate.

«Luigi era tranquillo, non era preoccupato. È stato qui tutto il pomeriggio. Poi è uscito, è andato a casa di mio figlio, a giocare con la nipotina, e ha detto che oggi si sarebbero rivisti. Non era preoccupato.» Conferma le difficoltà finanziarie: «Ci hanno fregato certi italiani. Se quei delinquenti ci hanno rovinato non c'è da stare tanto allegri, invece di pagare ci hanno dato cambiali che non valgono niente».

Il figlio Marco dichiara alla stampa: «Ma quale incidente! È stato un suicidio, suicidio, lo volete capire? L'hanno voluto fregare, mettere a terra economicamente, e lui si è ucciso». Per questa dichiarazione Marco viene invitato dal sostituto procuratore che conduce l'inchiesta giudiziaria, Bruna Albertini, a recarsi nel suo ufficio per chiarimenti.

Successivamente i familiari negheranno la tesi del suicidio sostenendo che le frasi di Marco erano dettate solo dalla rabbia e dal dolore del momento. Il figlio stesso ritratterà la dichiarazione.

Ma ci sono altre dichiarazioni preoccupanti. Secondo uno dei figli le ultime parole del padre al cellulare sarebbero state: «Mi sto schiantando».

Un amico del pilota riferisce di averlo sentito la domenica precedente. Era sconvolto. «Sono rovinato» gli avrebbe detto in dialetto. «Mi hanno mangiato tutto quello che avevo, è stato un gruppo di qua, mi hanno preso più di un milione di dollari.»

C'è confusione anche nel riferire lo svolgimento delle indagini. Il pubblico ministero Bruna Albertini dichiara: «Gli elementi fin qui acquisiti conducono a escludere la possibilità di un gesto volontario». Niente suicidio anche per il magistrato.

Il ministro delle Infrastrutture Pietro Lunardi, invece, dice di «non avere dubbi» sul fatto che «i dati che stanno emergendo convergono tutti sull'ipotesi del suicidio».

L'affermazione del pm Bruna Albertini pare spiazzare gli stessi investigatori che scavano nel passato di Luigi Fasulo. Polizia e carabinieri continuano infatti a indagare sull'ipotesi che Gino fosse ridotto sul lastrico perché rimasto coinvolto in un clamoroso raggiro nel mondo degli illeciti finanziari. Raggiro che lo avrebbe esposto anche a qualche pesante ritorsione. Lo stesso Fasulo, accompagnato dal figlio Giorgio, avrebbe denunciato la truffa presso la questura di Como la mattina stessa dell'incidente aereo.

Le indagini che prendono in considerazione il suicidio

procedono. La guardia di finanza e la magistratura di Trento avevano cominciato a indagare su Fasulo circa otto mesi prima dell'incidente. Secondo le indagini, Gino prestava soldi ad amici mercanti o esperti d'arte. «Gli interessi che applicava» dice una delle persone interrogate dalla guardia di finanza «erano più bassi di quelli delle banche. Per cui assai vantaggiosi per chi riceveva il prestito.» Fasulo, però, commette un'imprudenza: presta circa 500 milioni, il 20 per cento della sua intera disponibilità, a un personaggio ambiguo. Un trafficante veneto di falsi che, invece di restituire il denaro, lo denuncia per usura.

La guardia di finanza di Trento comincia a indagare. L'inchiesta si incrocia con un'altra vicenda giudiziaria che riguarda l'acquisto da parte del museo di Trento di quadri di dubbia provenienza. Vengono bloccati tutti i conti di Fasulo. Che non può incassare più nemmeno un assegno. Gino è in difficoltà economiche.

Lo stesso aereo, alcuni mesi prima dell'incidente, viene messo in vendita per 70 mila dollari, attraverso Internet. È un particolare scovato dal sito web americano «TheSmokingGun.com», specializzato nella pubblicazione di atti giudiziari online. Nella pagina web si riconosce il velivolo schiantatosi contro il Pirellone non solo per i colori bianco, rosso e arancio, ma anche per il numero di registrazione che si scorge sulla fiancata, sotto la bandiera svizzera.

Ci sarebbe anche la messa in liquidazione, a marzo, della società Playmatic Avion, con capitale di 90 mila franchi, il cui amministratore unico risulta essere la moglie Filomena.

Ma non è tutto.

C'è un paradiso fiscale in piena Europa. Si tratta dell'Austria. Nonostante sia membro dell'Unione europea, l'Austria continua a conservare il diritto, e ne potrà usufruire fino al 2010, di far circolare libretti anonimi al portatore, liberi da qualsiasi gravame fiscale, ed emessi nella più assoluta riservatezza. Utilissimi a chi deve far sparire dei soldi.

Con uno di questi, alcuni mafiosi russi e truffatori italiani organizzano il raggiro di cui rimane vittima Gino Fasulo. Risalire a chi ha truffato Fasulo, a partire da quel libretto, è quasi impossibile. L'Austria non chiede l'identificazione di chi apre un conto anche se le cifre sono ragguardevoli e c'è il dubbio di riciclaggio. Esistono nelle banche austriache oltre venticinque milioni di conti anonimi, e forse non a caso la mafia russa ha stabilito in Austria uno dei suoi quartier generali. I soldi vengono prima versati nei libretti anonimi, poi «puliti» attraverso acquisti di diamanti o investimenti immobiliari. È un giro d'affari di miliardi di dollari ogni anno.

Il 20 aprile, subito dopo l'incidente del Pirellone, vengono arrestati Sergio Landonio e due suoi complici a Nizza, Pier Paolo Carta e Paolo Mafili, e si cerca di capire se la truffa subita da Fasulo possa aver influito sul suo gesto. La polizia stava già indagando su Landonio e il suo telefono era sotto controllo. C'è una telefonata interessante il 18 aprile a poche ore dalla morte di Luigi Fasulo. In quella telefonata il figlio Giorgio accusa Landonio della morte del padre: «Sei un maledetto assassino».

Sergio Landonio è un pregiudicato lombardo di sessantatré anni, in stretto contatto con la 'ndrangheta calabrese e la mafia russa.

Ma torniamo indietro di qualche mese. Grazie alla compiacenza di un funzionario, Pier Paolo Carta apre un conto corrente presso la Banca di Nizza e deposita una cifra irrisoria. Successivamente utilizza il libretto di assegni per aprire altri conti e deposita alcuni miliardi. Non ci sarebbe niente di male. Il problema è che questi assegni non sono coperti. I miliardi non esistono.

La banca segnala lo strano movimento di denaro a Bankitalia e la segnalazione arriva fino all'antimafia di Milano che avvia l'indagine. Dopodiché chiude i conti di Carta, che però continua a utilizzare gli assegni. Con uno di questi salda il debito di circa due miliardi con un antiquario.

L'antiquario gira gli assegni a Fasulo che si offre di scontarli con un guadagno del 20 per cento. Lo convince che l'insolvibilità degli assegni è solo temporanea perché Carta ha intenzione di pagare il dovuto. Gli consiglia di rivolgersi a un amico, tale Sergio Landonio, che abita a Nizza.

Landonio riceve Fasulo a casa sua e lo invita a recarsi a Salisburgo dove troverà un uomo di fiducia russo. Con lui dovrà aprire un conto cifrato nella filiale di una banca austriaca. Lì, sei mesi dopo, non solo saranno accreditati i denari promessi, ma addirittura il doppio, in cambio della sua pazienza. Fasulo accetta, va a Salisburgo accompagnato dal figlio, viene contattato dal russo e insieme aprono il conto che viene messo in una busta sigillata e consegnato a Fasulo.

Passa qualche mese e si fa di nuovo vivo Landonio: l'operazione deve essere ripetuta perché, dice, la banca non accetta il bonifico. Fasulo apre un altro conto.

L'appuntamento successivo avviene a Nizza dove Fasulo vede il libretto con l'accredito promesso, un milione e 750 mila euro. Gli consegnano il libretto in una busta, gli fanno persino controllare presso la banca la copertura della cifra. Lo fanno impegnare però a non incassare la somma fino al 18 marzo dell'anno successivo. Fasulo accetta ma poi si accorge che nella busta non c'è il suo libretto, ma un altro libretto con soli duecento euro.

È una truffa che lo riduce sul lastrico. Gino cerca di rintracciare Landonio in Francia per chiedere spiegazioni ma non ci riesce. Sempre più disperato, pressato da alcuni creditori, minacciato da altri che probabilmente hanno messo soldi nell'affare, rompe gli indugi e si presenta alla questura di Como con il figlio Giorgio.

Più tardi, in giornata, il figlio di Fasulo richiama lo stesso funzionario della polizia per riferire di aver ricevuto «nuove minacce».

Nel pomeriggio Luigi Fasulo sale sul suo Air Commander e parte per Linate.

Tre quarti d'ora dopo c'è lo schianto contro il grattacielo.

A due mesi di distanza da quel giorno spuntano le testimonianze di un'amica «segreta» di Fasulo, Marina Rossi: «Luigi lo diceva sempre: se mi suicidassi lo farei a Milano contro il grattacielo, così il mondo parlerebbe di me...».

La famiglia Fasulo presenta querela per calunnia. La querela termina in un non luogo a procedere perché il magistrato non ritiene ci sia reato di calunnia in quello che Marina Rossi dice. Intanto va avanti l'inchiesta sul giro internazionale di assegni miliardari clonati e di complicate «triangolazioni» di conti correnti.

Dalla squadra mobile di Milano vengono arrestate undici persone, molte delle quali incensurate, per una serie di presunte truffe internazionali. L'indagine si chiama «Money Placement». La mente del giro di truffe è secondo gli inquirenti Antioco Carta, cinquant'anni, imprenditore e consulente finanziario, fratello di Giorgio, trafficante internazionale di stupefacenti ucciso dalla polizia venezuelana in un conflitto a fuoco. Successivamente vengono arrestate anche altre persone. Anche Annamaria Carta, trentasette anni, sorella di Pier Paolo Carta già arrestato il 20 aprile insieme a Landonio, e Gulnara Mannanova, ventisei anni, russa.

Le due donne sono appena arrivate a Nizza dall'Italia per svuotare alcune cassette di sicurezza e conti bancari, già bloccati e sotto sorveglianza. La banca avverte la polizia francese, che però decide di non intervenire subito e di seguirle. Vengono fermate nel viaggio di ritorno verso l'Italia a bordo di una Mercedes. Nell'auto ci sono diamanti e rubini per oltre 300 mila euro, dollari e franchi svizzeri per oltre 100 mila. Un traffico ben organizzato nelle cui maglie era rimasto impigliato anche Fasulo.

Nel 2003 la sua eredità viene messa a disposizione dei creditori dai suoi familiari, presso l'Ufficio fallimenti. Il passivo lasciato da Luigi Fasulo si aggira sui 90 milioni di franchi. La Regione Lombardia ne chiede una sessantina per i danni. Ma Gino lascia in tutto circa 20 mila franchi depositati su alcuni conti bancari, un cascinale e una parte di magazzino. La polizza assicurativa sulla sua vita ha un tetto massimo di circa due milioni di euro. Poche cose. Gli eredi rinunciano a ogni pretesa sull'eredità. I debiti non potranno essere saldati.

Per quanto riguarda l'incidente aereo, non potrà esserci un processo, perché l'unico responsabile certo è morto. La morte dell'indagato estingue il reato. Le indagini vengono chiuse. È stato un incidente, un errore umano. Il pm Bruna Albertini chiede l'archiviazione del caso.

Secondo il capocampo dell'aeroporto di Locarno, Gino volava a vista, senza una guida radar, che invece sarebbe stata la norma per il suo Air Commander. Ma Gino non aveva rinnovato l'autorizzazione all'utilizzo degli strumenti.

Era uno spericolato, Gino.

«Un cow-boy dell'aria.»

Viaggio nelle tenebre

Si chiamano psicologi criminali, oppure psicologi e psichiatri forensi, e sono gli esperti che utilizzano tutte le conoscenze della psicologia per applicarle al campo della giustizia. Sembra un concetto semplice e intuitivo, che si traduce però in moltissimi campi di interesse, dallo studio del comportamento criminale alla prevenzione dei delitti, dalla predizione delle condotte a rischio alle dinamiche del ricordo, della testimonianza e del processo in un'aula di tribunale.

Luigi Fasulo ha perso la vita fra le lamiere contorte di un piccolo aeroplano incastrato tra il venticinquesimo e il ventiseiesimo piano del grattacielo Pirelli di Milano, lasciando molti dubbi su ciò che in realtà è successo, come tutte le volte che in un referto di autopsia, di fianco alla causa, al meccanismo o al modo della morte, il medico legale scrive: «indeterminato».

Gli esperti della scena del crimine, lo sappiamo, parlano di *equivocal death investigations*, investigazioni sulle morti dubbie, dove c'è stata più di una causa letale, e ciascuna sufficiente a produrre una vittima; oppure dove c'è il sospetto che gli indizi siano stati deliberatamente alterati per sviare le indagini.

Dubbi, come nel caso di Luigi Fasulo. Incidente, malore, oppure suicidio? E, prima di allora, altrettanto *equivocal* era sembrato il suicidio del banchiere Roberto Calvi, impiccato al ponte dei Frati Neri di Londra.

Ma la psicologia può aiutarci a togliere da un referto, da un verbale di polizia, aggettivi come «indeterminato» e «dubbio».

Siamo nei primi anni Sessanta a Los Angeles, e precisamente al Suicide Prevention Centre, dove gli psichiatri Edwin Shneidman e Norman Farberow utilizzano la loro esperienza per proporre una nuova tecnica di analisi che chiamano autopsia psicologica (Ap); si tratta di creare un profilo basandosi sulle condizioni psicologiche di un soggetto morto in circostanze che fanno pensare a un suicidio, ma che potrebbero anche rivelarsi differenti, e aprire la strada a piste investigative diverse.

Shneidman identifica dei momenti fondamentali, costruisce quelle che in gergo tecnico si chiamano «linee guida». Vuole che si ponga attenzione alla storia della famiglia del defunto, alla sua personalità, allo stile di vita e alle abitudini, e a come queste siano cambiate nel periodo precedente la morte. Bisogna ottenere una descrizione accurata delle sue reazioni di fronte alle situazioni difficili, o che lui percepiva come tali. E se abusava di alcol e di droghe. Quanto poi all'episodio che si è concluso con la morte, quali accorgimenti ha adottato per non correre il rischio d'essere salvato? Che strumento ha utilizzato? Ha lasciato o no dei messaggi, magari disseminati in precedenza o forse anche sulla scena stessa?

Al gruppo di psicologi forensi dell'università è arrivata una richiesta di consulenza, un'autopsia psicologica che aiuti il coroner a stabilire le cause della morte di Susan Thomas, una donna bianca, divorziata, di quarantaquattro anni, ritrovata sul fondo della sua piscina completamente nuda.

A scoprire il cadavere è stata la figlia di sedici anni, verso le cinque del pomeriggio. Aveva visto la madre viva per l'ultima volta quella mattina, a colazione. Il giorno della sua morte la donna ha incontrato il suo avvocato per una causa che avrebbe dovuto affrontare in tribunale, e nel passato ha avuto problemi di depressione, malattia per la quale era seguita da uno specialista ed era in cura con farmaci. In cucina viene trovata una nota che spiega i motivi del suo gesto.

Gli esperti del team analizzano il referto dell'autopsia e le cartelle cliniche dei precedenti ricoveri nel reparto di psichiatria, intervistano la figlia, l'attuale compagno, gli amici, i colleghi, il legale e i medici che l'avevano avuta in cura.

Susan era nata e cresciuta a Los Angeles, dove aveva studiato fino al college, che aveva frequentato per due anni. Si era sposata a ventisette anni, per divorziare dodici anni dopo. Dal matrimonio era nata una sola figlia. Aveva lavorato negli ultimi sei anni come segretaria in un ambulatorio medico, e il principale non ricordava di avere notato sintomi di depressione da parecchie settimane prima del fatto. Era la maggiore di due figli di una famiglia della media borghesia, con una madre malata di depressione, proprio come era capitato a lei, soprattutto dopo il divorzio avvenuto cinque anni prima. Il marito era un alcolizzato che l'aveva più volte picchiata e che dopo la separazione non le aveva passato quasi mai gli alimenti per la figlia.

Aveva trentanove anni la prima volta che era stata ricoverata per depressione, con tutti i segni tipici della malattia, come la perdita dell'appetito, il calo di peso, il rallentamento, i disturbi del sonno e l'incapacità di vedere un futuro. L'aveva anche dichiarato apertamente, di pensare al suicidio, ma non aveva mai fatto nulla di concreto per metterlo in atto.

Fortunatamente Susan aveva risposto bene ai farmaci, si presentava regolarmente ai controlli settimanali, e in occasione dell'ultima visita non era sembrata particolarmente depressa, ma piuttosto preoccupata per la figlia di sedici anni che si mostrava sempre più triste e vuota, e aveva paura che anche lei potesse ammalarsi.

Il suo attuale compagno racconta della loro storia, che ormai durava da tre anni, e del progetto di sposarsi non appena lui avesse avuto un impiego più sicuro. Se nel passato era stata depressa, da quando aveva iniziato a prendere le medicine le cose erano molto migliorate. Aveva visto Susan due giorni prima, e l'aveva sentita per telefono la sera prima che il suo corpo senza vita venisse scoperto: era preoccupata per l'udienza in tribunale dove si sarebbe discusso degli alimenti mai versati dal marito, ma non era certo depressa. Anche l'avvocato che la seguiva per la causa da sei mesi e l'aveva incontrata il pomeriggio prima non aveva notato altro che una comprensibile tensione.

La figlia racconta poi che Susan aveva l'abitudine di bere alcolici durante il giorno, ma non più di due, tre volte al mese, e che l'aveva vista ubriaca dopo una festa un paio di volte all'anno. E aggiunge che aveva molti amici e amava tenersi in forma, soprattutto nuotando nella piscina sul retro della casa. Quando non c'era nessuno in casa, talvolta si tuffava completamente nuda nell'acqua.

Era lì che l'aveva trovata quel pomeriggio, e aveva immediatamente chiamato i soccorsi, ma nessun tentativo per rianimarla era servito.

Sul tavolo della cucina viene trovato un biglietto. Su un lato c'è scritta a mano una lista della spesa, sull'altro lato poche parole: «La vita non vale la pena d'essere vissuta. La vita è fatta di troppi problemi». Ma la ragazza dice che ha scritto lei quelle frasi, e in effetti un'analisi grafologica conclude che ci sono corrispondenze con la sua calligrafia, mentre nella lista della spesa ci sono analogie con la scrittura della madre.

I risultati dell'autopsia parlano di «compatibilità con una morte da annegamento», e il laboratorio di tossicologia ha trovato livelli terapeutici di farmaco antidepressivo nel sangue e i segni dell'assunzione di bevande alcoliche.

Il materiale è ormai stato raccolto. Psicologi e psichiatri forensi si ritrovano a discutere gli elementi a sostegno e contro l'ipotesi di un suicidio.

Non tutto quello che sembra andare in una direzione si rivela poi effettivamente vero.

Si parte dal divorzio, di solito un fattore di rischio. La rottura risale però ad anni prima, e poi c'è una nuova storia, significativa e stabile. La donna inoltre non è isolata, e sembra avere molti amici.

C'è una storia di depressione, e l'espressione di propositi suicidi nei periodi di malattia. Era in trattamento anche al momento della morte. Ma stava rispondendo bene alle cure e non era sembrata depressa prima della morte.

Susan aveva difficoltà finanziarie, la situazione tuttavia era più cronica che drammatica. E poi stava attivamente combattendo per ottenere gli alimenti dal marito, compresi gli arretrati.

L'imminente udienza in tribunale poteva aver agito come situazione stressante. L'avvocato, però, aveva comunicato alla sua cliente che era ottimista sull'esito della causa.

Poteva sembrare che la donna, nuotando da sola, avesse preso ogni precauzione per evitare di essere salvata. D'altra parte era una buona nuotatrice e spesso utilizzava la piscina quando non c'era nessuno intorno.

Nel suo sangue si era trovato un livello di alcol significativo. La figlia aveva raccontato di come alla madre capitasse di bere in certe occasioni, e di essere convinta che avesse brindato alle buone notizie che l'avvocato le aveva riferito. Il bere avrebbe potuto compromettere la sua efficienza mentale e diminuire la sua abilità nel nuoto.

Il biglietto che apparentemente spiegava i motivi del suicidio si era scoperto essere stato scritto in realtà dalla figlia.

La conclusione non può essere che una: l'alcol ha indebolito la forza fisica di Susan e contemporaneamente ha ridotto le sue capacità critiche di valutare le proprie condizioni e i propri limiti.

Il risultato dell'autopsia psicologica, consegnato al coroner, parla di morte accidentale. Un incidente, insomma, non un suicidio.

Se occuparsi di *equivocal death* si rivela spesso una sfida impegnativa, accostarsi alla mente criminale e cercare di penetrare i motivi che hanno spinto a un omicidio è un'operazione altrettanto complessa.

Il delitto può nascere da una passione, dalla gelosia che acceca, da anni di frustrazione covata tra le mura di casa, ma può anche esplodere senza che se ne capisca la ragione. Un movente c'è sempre, in ogni delitto, ma se appartiene al mondo interno del criminale, alle sue fantasie malate, ai bisogni mai espressi, allora diventa difficile decifrarlo e può mettere a dura prova persino la stabilità mentale degli investigatori e degli psichiatri.

Si spiega così la scelta di Robert Ressler, tra i fondatori dell'Unità di Scienze del comportamento dell'Fbi, uno con centinaia di omicidi efferati alle spalle, di fare proprio un passaggio degli scritti di Nietzsche, poche frasi, ma tra le più inquietanti: «Chiunque combatta contro i mostri dovrebbe badare a non diventare un mostro egli stesso. Perché quando scruti l'abisso, l'abisso scruterà dentro di te».

La strage di Novi Ligure, l'omicidio di Samuele Lorenzi a Cogne, le diciassette vittime di Donato Bilancia sembrano riflettersi perfettamente in queste parole. Come la storia di Kenneth Bianchi, la storia del suo disturbo multiplo di personalità.

La personalità multipla rientra in una categoria di malattie mentali chiamate anche disturbi dissociativi. Di questi è forse la forma più grave e si realizza quando in uno stesso individuo convivono personalità distinte, ognuna delle quali ha le proprie relazioni, i propri ricordi e le proprie caratteristiche. Lui, il malato, non ha nessuna consapevolezza, dato che di volta in volta uno dei suoi autonomi Sé prende il sopravvento e ne condiziona i comportamenti.

Alla base di questa strana patologia ci sarebbe spesso un trauma infantile, soprattutto se grave e ripetuto, che spinge il bambino a crearsi un mondo parallelo in cui rifugiarsi e difendersi dagli attacchi incomprensibili che gli arrivano addosso, e spesso proprio dai familiari, da coloro che dovrebbero volergli bene e a cui lui vuole bene.

Ma, attenzione. Quella della personalità multipla, del «non sono stato io a uccidere, è stato l'altro, quello cattivo, quello che si impossessa di me senza che io me ne accorga e ci possa fare nulla», è spesso un banale, anche se comprensibile, tentativo di evitare il carcere a vita.

O la sedia elettrica.

Kenneth Bianchi e il cugino Angelo Buono sono passati alla storia del crimine come «gli strangolatori di Hillside». Tra il 1977 e il 1978 i due hanno rapito, violentato, torturato e ucciso dieci ragazze dai dodici ai ventotto anni, scaricando i loro corpi nudi sulle colline intorno a Los Angeles.

Dopo l'arresto, con un Kenneth Bianchi che dichiara fermamente la propria innocenza, l'avvocato della difesa chiama a sostegno il dottor John Watkins. Lo psichiatra decide di sottoporre l'uomo a ipnosi e durante il sonno indotto scopre l'esistenza di una seconda personalità, un alter ego che chiama se stesso «Steve», e che racconta di essere l'autore dei delitti di cui è accusato Ken, che quindi non ha alcuna responsabilità.

In aula il dottor Watkins riporta quello che è accaduto in ipnosi:

> Descriveva vividamente come lui (Steve) aveva strangolato e ucciso tutte quelle ragazze, ripetendo che lui (Ken) era troppo buono ... quando Steve voleva uccidere, lo (Ken) mandava via. Raccontava come lui e Angelo girassero per Los Angeles con lo scopo di uccidere. Ken non avrebbe «apprezzato» le azioni di Steve...

Naturalmente per il dottor Watkins non c'è alcun dubbio: Kenneth Bianchi è affetto da un grave disturbo dissociativo, quindi deve essere assolto per infermità di mente.

A questo punto è l'accusa, sostenuta dal procuratore distrettuale, a convocare il proprio esperto, Martin Orne. E la mossa si rivela vincente, perché il dottor Orne presto scopre che Steve Walzer è il nome di uno studente del college a cui Bianchi ha rubato degli appunti per costruire la sua simulazione.

Ma lo psichiatra dell'accusa non si ferma qui, e suggerisce all'imputato che, nella letteratura scientifica, chi soffre di un vero disturbo da personalità multipla, di personalità autonome ne debba presentare almeno tre.

Non passa molto tempo e Bianchi mostra al mondo la sua terza «incarnazione», chiamata Billy. Non contento, dice di essere coinvolto in dialoghi allucinatori, di sentire le voci. Ma le allucinazioni non sono un sintomo della personalità multipla.

Messo sotto pressione, e con il rischio della sedia elettrica, Kenneth Bianchi ritratta: ha mentito, e di personalità ne ha una sola, la sua, ed è lui ad avere ucciso dieci povere donne.

La tardiva collaborazione gli evita la pena di morte, ma non la condanna a cinque ergastoli, più due per omicidi commessi nello Stato di Washington.

«... quando scruti l'abisso, l'abisso scruterà dentro di te...» Come nel caso di Henry Lee Lucas, undici omicidi, uno dei serial killer più sadici della storia.

> Ho odiato tutto della mia vita. Ho odiato tutti. Quando sono cresciuto e la prima cosa che ricordo è che mia madre mi vestiva come una bambina. Ed è andata avanti in quel modo per due o tre anni. E dopo che sono stato trattato come quello che io chiamo il cane della famiglia, sono stato picchiato. Sono stato creato per fare cose che nessun essere umano avrebbe mai voluto fare. Ho dovuto rubare, mangiare i resti che trovavo tra i bidoni dei rifiuti. Sono cresciuto in mezzo alla prostituzione, ho visto mia madre che si prostituiva, sin da quando avevo 14 anni...

Ecco quello che racconta di sé Henry Lee Lucas, nato a Blacksburg, Virginia, il 23 agosto 1936, figlio di «No legs» Anderson, un alcolizzato che ha perduto le gambe sotto le ruote di un treno una sera che era più ubriaco del solito, e di Viola, un'indiana della tribù Chippewa.

Una baracca e nove figli, quasi tutti dimenticati tra parenti e istituzioni, un rapporto disastroso dove la donna costringe il marito a guardarla mentre si prostituisce con altri uomini.

In una notte del 1950, incapace di sopportare altro, Anderson si getta in mezzo alla neve e pochi giorni dopo muore di polmonite, lasciando il piccolo Henry in balia di una madre crudele. Viola maltratta il figlio, lo picchia con tutto quello che le capita per mano, e gli dice anche che è per il suo bene e che non deve assolutamente piangere.

Costringe Henry a guardarla far sesso con i clienti, e una volta in cui scoppia un litigio con un uomo imbraccia un fucile sparandogli nelle gambe, con il sangue che imbratta le pareti della stanza e la faccia di Henry.

Il bambino è costretto a vestirsi da femminuccia, i capelli arricciati in boccoli, e ad andare a scuola così conciato, nonostante i compagni lo prendano in giro ferocemente. E le botte, quelle sono continuate negli anni, talvolta così violente da lasciarlo stordito per giorni.

Ma altrettanto tremendi sono gli attacchi psicologici, se è vero che Viola quando è in collera con Henry distrugge ogni cosa a cui il bambino è affezionato. Appena scopre che gioca spesso con un asinello a cui dedica un sacco di attenzioni, la donna imbraccia immediatamente il fucile ed esce a ucciderlo.

Crescere in un clima di questo genere, tra violenze e crudeltà gratuite, non può che portare Henry a mostrare comportamenti strani e altrettanto disturbati. Inizia a sgozzare animali e a mutilarli, persino a scuoiarli ancora vivi, provando un'eccitazione, un senso del controllo e un piacere che non aveva mai sperimentato prima. Dichiarerà poi di avere cominciato la sua carriera di assassino a quindici anni, uccidendo nel marzo 1951 Laura Burnley, una ragazza di diciassette che aveva cercato di resistergli. Un delitto che resta irrisolto fino a quando è lui a confessarlo nel 1983, più di trent'anni dopo.

Ma è per una serie di furti con scasso che Lucas fa il suo primo ingresso in carcere. Sei anni, due fughe e un rilascio anticipato, il 2 settembre 1959.

Poi, l'11 gennaio 1960, accoltella Viola, settantaquattro anni, e ne violenta il cadavere. Nel marzo dello stesso anno è condannato a una pena da venti a quarant'anni di carcere e mandato al manicomio criminale di Ionia, dove resta per sei anni. Inspiegabilmente, forse per il sovraffollamento, nel 1970 viene proposto per una libertà sulla parola, nonostante sia lui stesso ad avvertire i funzionari e i medici che era una pessima idea, che appena scarcerato avrebbe ripreso a uccidere.

Nel dicembre del 1971 è arrestato e condannato per molestie sessuali a due ragazzine. Nuovamente libero sulla parola nell'agosto 1975, incontra un anno dopo il ventinovenne Ottis Toole, omosessuale, affascinato dall'idea di incendiare e di diventare un serial killer.

In sei anni i due riusciranno a diventare una coppia letale, assassini seriali tra i più prolifici ed efferati, fino a quando la polizia riesce a catturarli. Arrestato nel giugno del 1983, Henry Lee Lucas inizia a confessare, e sembra un fiume in piena: prima parla di un numero di vittime tra le settantacinque e le cento, poi passa da centocinquanta a trecentosessanta, per chiudere dicendo di avere commesso più di cinquecento omicidi, tirando in ballo amici e conoscenti.

Gli investigatori sono ovviamente scettici, e per loro è chiaro che Lucas è preda di un bisogno malato di sbalordire, di vantarsi e di vantare un primato, anche se in un campo terribile.

Nell'aprile del 1995 J.T. Duff, capo del Georgia Bureau of Investigation, dichiara:

> A Lucas non è stata data alcuna informazione o interpretazione delle scene del crimine, ma è lui ad avere fornito informazioni alle forze di polizia. Quando abbiamo incontrato la scena di un delitto, Lucas volontariamente e liberamente ci ha raccontato dettagli che solo l'assassino avrebbe potuto conoscere.

Nel novembre del 1985 le forze di polizia di ben diciotto Stati decidono di riaprire i fascicoli che riguardano almeno novanta omicidi attribuiti al killer, anche sulla base dell'intercettazione telefonica di una conversazione tra Lucas, ospite di un penitenziario in Texas, e Toole, incarcerato in Florida. Un dialogo che si sarebbe poi rivelato fondamentale per sostenere o contestare la validità delle confessioni:

LUCAS: Ottis, non voglio che tu pensi che lo sto facendo per vendetta.

TOOLE: No, non voglio che tu nasconda nulla di me.

LUCAS: Vedi, noi abbiamo tanto di loro, Ottis. Siamo finiti in confusione con i corpi. Adesso, questo ragazzo e la ragazza, io non ne so niente.

TOOLE: Be', potrebbero essere quei due che ho ucciso da solo. Proprio come quel messicano che non mi voleva lasciare uscire dalla casa. Ho preso un'ascia e l'ho fatto a pezzi. Cosa mi aveva fatto? avevo intenzione di chiederlo a te. Quella volta che mi sono cucinato qualcuno di quella gente. Perché l'ho fatto?

LUCAS: Penso che siano state semplicemente le mani a farlo. So che un sacco di cose che abbiamo fatto, da un punto di vista umano, sono impossibili da credere.

Non è stato possibile arrivare a una verità definitiva sulle imprese di Henry Lee Lucas e sul numero delle sue vittime, ma quello che è certo è che gli investigatori ritengono gli si possano attribuire almeno un centinaio di omicidi.

Il 26 giugno 1998, George W. Bush, governatore dello Stato del Texas, trasforma la sentenza di morte per Henry Lee Lucas nel carcere a vita.

Il 13 marzo 2001 il killer muore nella sua cella per un attacco cardiaco.

Cercare una causa, una ragione del comportamento criminale, come quello di Kenneth Bianchi o di Henry Lee Lucas, non è certo l'unico compito a cui uno psichiatra è chiamato quando fa il suo ingresso in un'aula di tribunale.

C'è il tema della responsabilità, della capacità di intendere e di volere, e due casi, in particolare, si prestano a far capire quanto sia difficile e complesso questo problema.

Il 10 gennaio 1994, in un tribunale della Virginia, sale sul banco degli imputati una donna. Sembra stanca, ma nello stesso tempo determinata.

Il suo nome è Lorena Bobbitt.

È accusata di avere aggredito il marito, tagliandogli il pene con un coltello da cucina dopo che l'uomo era rientrato a casa ubriaco e l'aveva violentata, quella sera del 23 giugno 1993. La difesa sostiene che Lorena deve essere prosciolta da ogni accusa, perché ha agito nell'ambito di un «irresistibile impulso», profondamente depressa e incapace di reagire alle minacce e ai maltrattamenti. Ha atteso che lui si addormentasse e ha deciso di colpirlo, di colpire proprio quella parte con cui la feriva, la umiliava.

Nelle settecento pagine di deposizione Lorena Bobbitt spiega chiaramente i suoi sentimenti, la sua rabbia:

> Ero ferita, sono andata in cucina a bere un bicchiere d'acqua. Ero già arrabbiata. Sono tornata indietro e la prima cosa che ho visto è stato il coltello. Allora l'ho preso ed ero davvero arrabbiata ... allora l'ho preso e sono andata in camera da letto ... E allora ho detto, gli ho chiesto se era soddisfatto di quello che aveva fatto e lui era mezzo addormentato. Ero veramente impazzita ... Ehi tu, parlami, ti è piaciuto quello che hai fatto? Perché io ti sto dicendo che a me non è piaciuto per niente. E lui disse che non gliene fregava niente dei sentimenti. Lo disse e io gli chiesi se aveva avuto un orgasmo dentro di me, perché la cosa mi disturbava – ogni volta che lo faceva aveva sempre un orgasmo, e non aspettava mai che io avessi un orgasmo. È un egoista. Non penso che sia giusto. Così ho tirato indietro le lenzuola e l'ho fatto.

In tutta la ricostruzione si legge la rabbia, ma non certo la confusione, il delirio o la follia. Potremmo casomai ritrovare le caratteristiche di quella che si chiama la «sindrome della donna maltrattata», con tutti i suoi sintomi, l'ansia, la depressione, le somatizzazioni.

Ma la presenza di una malattia come la depressione non esclude automaticamente la responsabilità, e di tracce di «irresistibile impulso» qui è difficile trovarne.

Il 21 giugno 1994 Lorena Bobbitt viene dichiarata «not guilty by reason of insanity», non colpevole per infermità mentale, e affidata a un istituto psichiatrico per un periodo di osservazione di quarantacinque giorni.

Un verdetto sorprendente: Lorena Bobbitt merita tutta la solidarietà per quanto ha dovuto soffrire e certamente a lei andavano riconosciute tutte le attenuanti del caso. Ma una totale incapacità non può che spiegarsi con l'emotività di una giuria che ha visto nel marito, in quell'uomo che forse non a caso di nome fa John Wayne, l'incarnazione stessa del male, e nell'assolvere la donna ha voluto punire lui, ben oltre la «semplice» evirazione.

John Wayne Bobbitt ha recuperato la sua integrità, grazie alla tempestività dei chirurghi che hanno ricucito quanto tagliato: è diventato un attore di film pornografici.

Lorena Bobbitt nel 1995 ha ottenuto il divorzio e ha ripreso il suo cognome da nubile, Lorena Gallo.

Nel 1998 è stata accusata di avere aggredito a pugni la madre.

Mad or bad, malati o malvagi: lo stesso interrogativo sulla responsabilità che ha animato il processo a Lorena Bobbitt è il tema centrale di un'altra vicenda che ha scosso l'opinione pubblica, svelando l'orrore e la ferocia di una mente disturbata.

1992, Milwaukee, Wisconsin. Nell'aula ci sono cento posti a sedere: 23 sono per i giornalisti, 34 sono riservati ai parenti delle vittime e i restanti 43 a disposizione del pubblico.

L'imputato è un uomo di circa trent'anni, dall'aspetto gradevole, niente che lo distingua dal vicino della porta accanto.

Il suo nome è Jeffrey Dahmer, professione serial killer. Da questo momento tutti lo conosceranno come «il mostro di Milwaukee».

Il tema centrale su cui si scontrano accusa e difesa è ancora quello dell'infermità, dell'irresistibile impulso. La dottoressa Judith Becker testimonia per la difesa, e sostiene la tesi della necrofilia e dell'impossibilità per Dahmer di controllare il suo bisogno di intrattenersi in rapporti sessuali con i cadaveri delle sue vittime. Secondo la Becker, ogni volta che aveva la sensazione di avere la polizia alle calcagna Dahmer desisteva dai suoi progetti di morte.

Ma proprio perché incapace di resistere ai suoi impulsi, appena scampato il pericolo doveva riprendere la caccia.

Un'argomentazione debole, anzi poco sostenibile, se è vero che la stessa dottoressa Becker è costretta ad ammettere che Dahmer aveva lasciato andare una vittima solo perché si era accorto di avere finito i farmaci con cui stordirla, ma premurandosi di fissare subito un appuntamento per il giorno dopo.

Nelle trascrizioni del processo, le affermazioni del consulente dell'accusa, lo psichiatra Park Dietz, sembrano proprio andare in direzione opposta e smontano le tesi della collega.

> Gli chiesi ancora una volta, cominciando con il signor Doxtater, se nel momento in cui stava per uccidere il signor Doxtater fosse arrivata sua nonna o qualche altro testimone lui lo avrebbe ugualmente ucciso e rispose di no ... se avesse rischiato di essere scoperto di lì a poco, lui si sarebbe fermato, o se avesse potuto godere della compagnia di questi uomini e di un rapporto sessuale con loro con mezzi meno drastici, lui si sarebbe fermato. Non c'era nessuna forza che lo spingesse a uccidere; c'era semplicemente il desiderio di passare più tempo con le vittime; se questo fosse stato possibile attraverso altri mezzi, l'omicidio sarebbe diventato per lui irrilevante.

Ma psicologi e psichiatri forensi non si occupano solo di serial killer. Spesso hanno a che fare con i problemi della memoria e della testimonianza.

La McMartin's Pre-School è un istituto privato di Manhattan Beach, in California, ed è di proprietà di Peggy Buckey e di sua madre, Virginia McMartin.

Ci lavora anche il figlio di Peggy, Ray Buckey, che fa

l'assistente part-time, e che il 2 settembre 1983 viene caricato da un'auto della polizia e portato al distretto con le luci accese e le sirene spiegate. Come un pericoloso criminale e con un'accusa gravissima: quella di aver molestato sessualmente un bambino di due anni, Matthew Johnson. Anche se non c'erano segni di violenza fisica, anche se nessuno degli altri bambini aveva raccontato nulla di sospetto, anche se non c'erano prove.

L'hanno dovuto rilasciare, ma il capo della polizia non è soddisfatto, e manda una lettera a tutti i genitori dei bambini iscritti alla scuola McMartin. E nella lettera scrive che Ray forse ha molestato i loro bambini, e che li interroghino per scoprire se salta fuori la verità.

Prima che arrivi la primavera del 1984 sono centinaia i bambini visitati al Children's Institute International, e per trecentosessanta di loro la diagnosi parla di un trauma psicologico da violenza sessuale.

La notizia raggiunge un'emittente televisiva locale, che inizia a parlare di un collegamento tra la scuola e l'industria della pornografia infantile.

Ma non basta. Saltano fuori rituali satanici, stupri e omicidi consumati nei tunnel segreti che corrono sotto le fondamenta dell'edificio scolastico.

Lo Stato della California incarica il Children's Institute di interrogare i bambini, di raccogliere informazioni, e per ogni fascicolo paga 455 dollari. L'istituto si avvale di zelanti collaboratori che dimenticano, o fingono di dimenticare, il rischio della suggestione, incalzando con domande dirette e mostrando soddisfazione per ogni risposta che va nella direzione voluta.

Quattrocento interrogatori, per 455 dollari l'uno.

Poco importa che le prove non saltino fuori, che dei tunnel e degli omicidi non ci sia traccia e che la madre del piccolo Matthew dichiari che era stato in realtà il suo ex marito ad avere sodomizzato Matthew, e che poi degli sconosciuti erano entrati nella sua casa per violentarle il cane, e ancora che Matthew era stato ferito da un elefante e da un leone durante una gita scolastica, e torturato dai suoi insegnanti che gli avevano cucito orecchie, capezzoli e lingua con punti metallici e gli avevano ficcato le forbici in un occhio.

Poco importa che alla fine alla madre di Matthew abbiano diagnosticato una schizofrenia paranoide e l'abbiano rinchiusa in manicomio.

Al processo, che inizia nel marzo del 1984, ci sono sette imputati a cui vengono contestati 208 capi d'accusa per abusi su quaranta bambini. Nel gennaio 1986 il neoeletto procuratore distrettuale fa cadere le accuse per cinque dei sette imputati: alla sbarra rimangono Ray Buckey e sua madre Peggy.

Un sondaggio condotto in quel periodo dice che il 96 per cento degli abitanti della contea conosce il caso, e di quelli che si sono fatti un'idea il 97 per cento pensa che l'uomo sia colpevole.

Ma il processo smentisce l'opinione diffusa, e Peggy viene assolta il 18 gennaio 1990, mentre Ray deve aspettare l'agosto dell'anno successivo perché il suo incubo abbia fine.

Quello della McMartin rimane uno dei più inquietanti, lunghi e costosi casi giudiziari della storia degli Stati Uniti: sei anni e quindici milioni di dollari.

Ma gli avvenimenti della scuola McMartin hanno lasciato il segno: a partire dalla metà degli anni Ottanta e per tutti negli anni Novanta, accanto alla presa di coscienza del fenomeno dell'abuso sui bambini, iniziano a comparire storie strane e inquietanti, storie di adulti che durante una psicoterapia raccontano di avere subìto una violenza sessuale durante l'infanzia, maltrattamenti che non sarebbero mai venuti alla luce se non avessero trovato un lettino e uno psicologo disposto all'ascolto.

Ne seguono denunce e processi, con richieste miliardarie di risarcimenti: la possibilità di «scoperte ritardate» è generalmente accettata.

Nonostante questo, qualcuno, con vena critica, inizia a sospettare che questi ricordi recuperati siano di fatto «falsi ricordi», indotti da terapeuti eccessivamente zelanti saltati sul carrozzone del fenomeno dell'abuso dei bambini.

Il mondo della psicologia, clinica e forense, si trova diviso e schierato, quantomeno fino a quando non scende in campo Elizabeth Loftus, un'autorità in materia, che dimostra con i suoi studi che la memoria è soggetta a distorsioni, errori e suggestionabilità, che è vulnerabile soprattutto all'influsso di una figura d'autorità, qual è lo psicoterapeuta per il paziente. La dottoressa Loftus racconta il caso di Nadean Cool, infermiera del Wisconsin, che nel 1986 fissa un appuntamento con uno psichiatra. Vuole essere aiutata a gestire le proprie reazioni nei confronti della figlia, che è rimasta colpita da un'esperienza traumatica.

La terapia si presenta complessa, e a un certo punto lo specialista decide di ricorrere all'ipnosi e ad altre tecniche suggestive per scavare nel profondo e far emergere le memorie sepolte. Nel corso del trattamento, la Cool si convince pian piano di portare dentro di sé i ricordi repressi di un coinvolgimento in riti satanici durante i quali era stata violentata, costretta a cibarsi di parti di bambini e obbligata ad assistere all'omicidio del suo amichetto di otto anni. Finisce anche per credere di possedere più di cento personalità diverse, di bambini, di adulti, di angeli.

Lo psichiatra arriva a sottoporla a rituali d'esorcismo, e nel corso di un incontro durato cinque ore la cosparge d'acqua santa intimando a Satana di abbandonare il corpo della sua paziente. Ma a un certo punto la donna capisce che i falsi ricordi le sono stati «suggeriti» dal terapeuta, affida tutto all'avvocato e lo porta in tribunale. Nel marzo 1997 la sentenza: lo psichiatra viene condannato a un risarcimento per danni pari a due milioni e 400 mila dollari.

Naturalmente la Loftus, così come il mondo della psicologia e della psichiatria forense, non ha mai negato l'esistenza di una piaga sociale come quella dell'abuso sui minori, piuttosto ha richiamato a un rigore e a un'attenzione particolari in merito ai falsi ricordi.

Per sua natura la memoria opera processi ricostruttivi, ed è quindi possibile che nei ricordi siano incorporati anche avvenimenti esterni che nulla hanno a che fare con il fatto. Ma chiunque di noi abbia un profondo desiderio d'essere riconosciuto e ascoltato si muove per compiacere l'altro, e quindi cerca di conformarsi al suo modo di valutare le cose e il mondo.

Tuttavia l'abito più affascinante che lo psichiatra indossa quando opera nei team di investigazione su un caso di omicidio è quello del criminal profiler.

Il primo a morire è Ambrose Griffin, cinquantun anni, un colpo di pistola alla testa. È il 29 dicembre 1977, a Sacramento, California. Ma è solo l'inizio. La sera del 23 gennaio David Wallin rientra a casa per cena e si accorge immediatamente che qualcosa non va. All'ingresso nota per terra una chiazza di liquido scuro e appiccicoso che sembra sangue. L'uomo, come in trance, ne segue la scia fino alla camera da letto dove per terra giace un corpo che fatica a riconoscere. Sua moglie Theresa, ventidue anni, è stata freddata sulla porta e trascinata all'interno. Qui l'assassino ha straziato il cadavere, lo ha mutilato. Gli investigatori stessi sono turbati dalla brutalità delle ferite e non solo: il killer ha lasciato nel bagno un vasetto di vetro in cui sembra avere raccolto e bevuto il sangue della sua vittima.

La complessa macchina delle indagini è appena avviata quando la cittadina californiana è sconvolta da un nuovo delitto, ancora più efferato, ancora più raccapricciante. A quattro isolati di distanza un'anziana donna esita a entrare nella casa dei vicini, ma la porta è aperta e c'è un silenzio strano che non le piace. Poco dopo le sue urla riempiono la strada, in quel quartiere abitato da gente tranquilla. La polizia trova tre cadaveri: Evelyn Mirroth, il suo bimbo di sei anni Jason, e un amico di famiglia, Danny Meredith. Tutti sono stati colpiti alla testa con un'arma da fuoco, ma al cadavere di Evelyn è stato riservato lo stesso trattamento di Theresa Wallin. È stata ferita selvaggiamente e poi mutilata.

Ma c'è un altro elemento, se possibile ancora più sconvolgente: dalla casa è scomparso un bambino di appena ventidue mesi, David Ferreira. Gli investigatori sono già certi della sua morte. Hanno trovato tracce di polvere da sparo e di sangue nella sua culla.

Il suo corpo, decapitato, verrà ritrovato solo tre mesi più tardi.

La polizia non ha dubbi sul collegamento tra i delitti. Ma si tratta di un isolato maniaco sessuale o di un gruppo dedito a omicidi rituali? Se ha agito da solo, il killer ha ucciso per vendetta o per il piacere del brivido? Conosceva le vittime o era uno straniero, magari un vagabondo?

Per i detective di Sacramento è una fortuna che l'Fbi abbia messo a loro disposizione il talento e l'esperienza dell'agente speciale Russel Vorpagel, dell'Unità di Scienze del comportamento. E Vorpagel non ha dubbi: vuole che a lavorare con lui sia un collega che stima molto, un amico che da qualche anno è entrato a far parte della Bsu, la Behavioral Science Unit: il suo nome è Robert Ressler.

Forti del loro intuito e delle centinaia di casi esaminati, i due sono convinti che l'assassino agisca da solo e che abiti nelle vicinanze. Ressler rivisita le scene dei crimini, analizza i rapporti del medico legale, esamina ogni dettaglio della storia e dello stile di vita delle vittime, ogni piccolo particolare. Fino a quando una notizia apparentemente poco importante cattura la sua attenzione, una testimonianza raccolta dalla polizia locale: «Sa, agente, è davvero strano, ma più o meno nel periodo dei delitti, sono stati ammazzati un buon numero di cani e gatti qui intorno!».

Grazie a quest'ultimo elemento Robert Ressler, con la collaborazione di Vorpagel, può stendere un profilo psicologico del sospetto:

> Il killer è un uomo, di razza bianca, 27 anni, e risiede entro un miglio dalla zona dei delitti. È stato probabilmente curato in un istituto psichiatrico dal quale è stato recentemente dimesso. È single, non ha occupazione oppure è impegnato in mansioni umili. Non ha amici. Ha comportamenti bizzarri con isolamento e ritiro sociale. È uno psicotico, probabilmente uno schizofrenico. Non è andato oltre la scuola dell'obbligo. Lui e la sua abitazione sono disordinati e sciatti. In casa si potranno trovare tracce dei suoi crimini. È magro e denutrito e probabilmente ama torturare gli animali. Nel rapire il bimbo, il killer ha rubato un'auto e si è mosso dalla propria residenza non lontana verso il luogo del delitto.

Gli investigatori hanno ora un'arma in più, uno strumento che permette loro indagini mirate. Interrogano tutti nel raggio di un miglio chiedendo ai cittadini di Sacramento se conoscano qualcuno che corrisponda al profilo elaborato da Ressler.

Nel giro di poche ore hanno la risposta che cercano.

«Certo, sembra proprio Richard. Mi ha chiesto l'altro giorno uno dei miei cuccioli perché mi ha detto di amare gli animali...» E ancora: «Ci siamo sempre chiesti perché non vedevamo più i gatti e i cani che prendeva con sé...».

Quando i detective arrivano alla casa dei genitori di Richard Trenton Chase scoprono che l'uomo è appena stato dimesso da una clinica per malattie mentali e affidato a loro. Ma il suo comportamento bizzarro, culminato nella tortura e nell'uccisione del cane di famiglia, li ha costretti ad allontanarlo, trovandogli un piccolo appartamento in affitto a sei isolati dalle scene dei crimini. È disoccupato, ed è sua madre a portargli i pasti tutti i giorni, senza che il figlio le permetta però di entrare in casa.

Dopo qualche giorno Chase viene fermato davanti alla propria abitazione. Lo trovano con i vestiti e le scarpe sporchi di sangue, il portafoglio di Meredith nelle tasche. In casa l'odore è terribile, insopportabile. Macchie di sangue coprono la maggior parte degli oggetti. Nel frigorifero sono conservate parti di corpo umano.

Come prevedibile, la difesa del killer punta sul proscioglimento per incapacità di intendere e di volere. È necessario spostare la sede del processo da Sacramento a San José, per le reazioni violentissime dei cittadini.

Il momento di maggior clamore, durante la battaglia processuale, è quando Chase prende la parola in difesa di se stesso, e dichiara di aver agito in stato confusionale durante gli omicidi. Non era cosciente, così dice, che il piccolo Ferreira fosse un essere umano. Le sue parole non convincono, ed egli viene giudicato responsabile per i crimini commessi e condannato a morte. Destinazione: la sedia elettrica del penitenziario di San Quentin. Lui però si sottrae alla sentenza prevista dallo Stato della California, ingerendo una dose letale dei farmaci che gli erano stati prescritti in carcere.

Richard Trenton Chase muore il 26 dicembre 1980.

Il profilo psicologico tratteggiato da Robert Ressler con Russel Vorpagel era stato determinante nell'identificazione dell'assassino.

Perfino l'indicazione dell'età dell'omicida era stata precisa.

Appendice I

L'autopsia

Lo scopo di ogni autopsia è scoprire che cosa abbia causato la morte e come questa sia avvenuta, le sue modalità e la sua dinamica. Ma non basta. Se esiste il sospetto di un omicidio, il medico legale ha un compito ancora più delicato: ciò che osserva e le conclusioni a cui arriva possono trasformarsi in un indizio che orienta le indagini, o perfino costituire la prova certa di un delitto e collegare un assassino alla sua vittima.

Nella sala anatomica, come sulla scena del crimine, è importante documentare ogni passaggio. Vengono scattate fotografie del corpo in posizione prona, supina e in laterale, con inquadrature a figura intera e poi nei dettagli. Se il corpo è stato rinvenuto vestito, ogni scatto fisserà la progressiva rimozione degli abiti, indumento per indumento.

Lo stato di conservazione del cadavere cambia poi in maniera radicale il modo con cui un'autopsia viene condotta, ma in genere si procede con una sequenza che prevede prima l'ispezione, quindi i rilievi sugli organi e da ultimo i prelievi, indispensabili per le indagini genetiche, tossicologiche e istologiche. Ancora prima della dissezione, il medico legale esamina quindi la superficie esterna del cadavere. Valuta subito le ferite che possono avere causato la morte, altrimenti cerca altri segni, magari meno chiari ma suggestivi di un'azione violenta: un'unghia spezzata è la cosa più evidente, il foro di un ago dietro l'orecchio o sui genitali è molto meno facile da riconoscere.

L'ispezione serve pure a evidenziare la presenza di tatuaggi o cicatrici che permettono l'identificazione, nel caso di una vittima sconosciuta. Capelli e unghie possono poi rivelare tracce di droghe e veleni, e i residui rinvenuti sotto le unghie possono anche contenere frammenti di materiale biologico dell'aggressore, sufficienti per un esame del Dna. Altri campioni vengono prelevati dalla bocca, dai genitali e dall'ano, alla ricerca dei segni di un rapporto sessuale. E, sempre durante l'esame esterno, può essere necessario effettuare un calco, per fissare stabilmente la trama di una corda che ha provocato uno strangolamento, oppure il segno lasciato da un morso.

Infine il medico legale, quando sospetta la presenza di particolari lesioni interne, può eseguire delle radiografie ed eventualmente una Tac, una tomografia assiale computerizzata.

A questo punto si procede alla dissezione del cadavere, cominciando dalla cavità toracica. Solo in casi particolari l'esame può iniziare da una sede differente: dal collo, per esempio, se ci sono segni evidenti di strangolamento; dalla testa, nel caso questa sia stata raggiunta da un colpo d'arma da fuoco; dalla lesione d'ingresso di una ferita penetrante. Negli altri casi il medico pratica un'incisione toraco-addominale, comunemente indicata come «incisione a Y», rimuove lo sterno e ha quindi accesso alle cavità interne del corpo e agli organi in esse contenuti. Ispeziona e seziona cuore, polmoni, trachea ed esofago, poi estrae i visceri addominali. Ogni organo viene esaminato, pesato, e ne viene prelevato un campione per le indagini successive, al microscopio o di natura tossicologica. Si raccolgono anche campioni di liquidi biologici come la bile, l'urina, il sangue a livello toracico e periferico, il contenuto gastrico. Per ultimo, scollato il cuoio capelluto e messa a nudo la superficie cranica, si esegue un taglio circolare e si rimuove la calotta per una prima ispezione; poi il cervello è estratto, pesato, sezionato per l'osservazione diretta e poi al microscopio.

Appendice II

Cinquemila anni di storia delle scienze forensi

Ca 3000 a.C. In siti archeologici che rimandano alla seconda dinastia di Ur, impresse nel vasellame e nelle piastrelle si ritrovano impronte digitali e palmari.

44 a.C. Antisius, medico romano, esamina il cadavere di Giulio Cesare e stabilisce che, nonostante sia stato accoltellato ventitré volte, solo una ferita, al torace, è stata fatale.

94 d.C. Quintiliano dimostra l'innocenza di un uomo sospettato di omicidio analizzando le caratteristiche di un'impronta insanguinata ritrovata sulla scena del delitto.

Ca 700 d.C. In Cina, durante la dinastia T'ang (618-906), si utilizzano impronte digitali per stabilire l'originalità di un documento.

1247 Sung T'zu, durante la dinastia Sung (960-1279), scrive il *Hsi Yuan Chi Lu*, considerato il primo manuale di medicina legale e scienze forensi.

1248 Sempre in Cina, Yuan Lu descrive le alterazioni di un cadavere in relazione alle cause della morte.

1609 In Francia, François Demelle pubblica il primo trattato sull'analisi sistematica della scrittura.

1642 L'Università di Leipzig, in Germania, propone il primo corso di studi di medicina forense.

1670 Anton Van Leeuwenhoek costruisce il primo modello di microscopio ottico, e nel 1674 lo utilizza per osservare e descrivere i globuli rossi.

1686 Marcello Malpighi, professore di anatomia all'Università di Bologna, scopre le caratteristiche delle impronte digitali, senza tuttavia comprenderne il valore per l'identificazione personale.

1688 Francesco Redi studia il diverso sviluppo delle larve in brandelli di carne esposti all'ambiente oppure protetti.
1776 Paul Revere identifica il cadavere del generale Joseph Warren da un dente finto che lui stesso aveva modellato da una zanna di tricheco.
1804 Il fisico tedesco Johann Wilhelm Ritter scopre le radiazioni ultraviolette.
1810 Eugène-François Vidocq organizza a Parigi la prima struttura investigativa di polizia, la Sûreté.
1813 Matheo Orfila, docente all'Università di Parigi, pubblica il *Traité des poisons tirés des règnes minéral, végétal et animal ou toxicologie générale*. Orfila viene riconosciuto come il padre della tossicologia.
1823 Jan Evangelist Purkinje, professore di anatomia a Breslavia, pubblica il primo lavoro sulla natura delle impronte digitali e propone una classificazione in nove forme caratteristiche.
1830 In Italia, Giovan Battista Amici inventa il microscopio a luce polarizzata.
1835 Henry Goddard, già a Scotland Yard, per primo utilizza il confronto tra le caratteristiche dei proiettili per incriminare un assassino.
1836 James Marsh, chimico scozzese, inventa un test per il riconoscimento delle tracce di arsenico e lo applica nei casi di avvelenamento.
1843 La polizia belga introduce l'uso delle foto segnaletiche degli arrestati e dei detenuti.
1851 Jean-Servais Stas, professore di chimica a Bruxelles, è il primo a identificare nei tessuti del corpo le tracce dei veleni vegetali.
1853 Ludwig Teichmann, a Cracovia, sviluppa il primo test che permette di riconoscere tracce di sangue attraverso microscopici cristalli di emina.
1855 Jules Bergeret utilizza per primo le conoscenze dell'entomologia in un caso di omicidio.
1858 William James Herschel, ufficiale capo amministrativo del distretto di Hooghly, in India, nota la forma regolare e distintiva delle impronte digitali e per primo le utilizza a scopo identificativo.
1859 Negli Stati Uniti le fotografie vengono utilizzate per la prima volta come mezzo di prova in dibattimento.
In Germania, il fisico Gustav Kirchhoff e il chimico Robert Bunsen dimostrano che il colore della fiamma può essere usato per

identificare la sostanza che sta bruciando; una scoperta che porterà alla costruzione del primo spettroscopio.

1861 Rudolf Virchow, professore di anatomia patologica a Berlino, è il primo a studiare il valore dei capelli come prova.

1863 Lo scienziato tedesco Christian Schönbein scopre la capacità dell'emoglobina di reagire con il perossido d'idrogeno (acqua ossigenata) producendo un effetto-schiuma, e la utilizza come test presuntivo per le tracce ematiche.

1876 Cesare Lombroso, il padre della moderna antropologia criminale, pubblica *L'uomo delinquente*.

1878 Presso Scotland Yard viene creato il Dipartimento di investigazioni criminali (Cid).

1880 Henry Faulds, un medico scozzese che lavora in Giappone, pubblica su «Nature» un articolo in cui spiega come le impronte digitali ritrovate sulla scena di un crimine possano permettere di identificare il delinquente.

1883 Alphonse Bertillon applica per la prima volta la tecnica dell'antropometria per identificare un delinquente recidivo.

1889 Alexandre Lacassagne, professore di medicina legale all'Università di Lione, è il primo a tentare di collegare i proiettili all'arma che li ha sparati, sulla base del numero dei solchi e dei rilievi presenti sulle munizioni.

1891 Hans Gross, magistrato e docente di legge a Graz, pubblica l'*Handbuch für Untersuchungsrichter als System der Kriminalistik* (*Criminal Investigation*), il primo testo in cui viene descritto come le prove fisiche possano essere utilizzate per risolvere i delitti.

Lo scienziato e medico prussiano Paul Ehrlich mostra che, iniettando una sostanza tossica in un animale, si stimola la produzione di anticorpi che immunizzano da quella tossina. Una scoperta che porterà all'immunoanalisi, tecnica fondamentale per la tossicologia.

1892 Sir Francis Galton pubblica *Fingerprints*, il primo trattato sulla natura delle impronte digitali e il loro impiego per risolvere i casi. Juan Vucetić, funzionario della polizia argentina, sviluppa un sistema di classificazione tuttora adottato nell'area latinoamericana, e il suo paese è il primo a utilizzarlo abbandonando il metodo antropometrico di Bertillon.

1895 Conrad Röntgen scopre i raggi X.

1896 Sir Edward Richard Henry pubblica *Classification and Uses of Fingerprints*, e propone la classificazione utilizzata oggi in Europa e nell'America del Nord.

1900 Karl Landsteiner scopre l'esistenza dei gruppi sanguigni, e per questo ottiene il premio Nobel nel 1930.

1901 Paul Uhlenhuth, assistente all'Istituto di Igiene dell'Università di Greifswald, in Germania, progetta il test della precipitina per distinguere il sangue dei primati da quello degli altri animali.

1902 Per la prima volta la prova delle impronte digitali è accettata in una corte inglese; porta alla condanna dello scassinatore Henry Jackson.

1903 Salvatore Ottolenghi tiene a Roma il primo corso di polizia scientifica, presso la sede di Regina Coeli a Trastevere.

1904 Oskar e Rudolf Adler sviluppano il test di presunzione sul sangue utilizzando la benzidina.

1905 Il presidente americano Theodore Roosevelt istituisce il Federal Bureau of Investigation (Fbi).

1910 Victor Balthazard, professore di Medicina legale alla Sorbona, pubblica il primo studio completo sulle formazioni pilifere, *Le poil de l'homme et des animaux*.

Edmund Locard, successore di Alexandre Lacassagne a Lione, fonda il primo laboratorio di polizia scientifica.

1915 Leone Lattes, professore all'Istituto di Medicina legale dell'Università di Torino, sviluppa il primo test per il riconoscimento dei gruppi sanguigni AB0, e lo applica in un caso di attribuzione di paternità. Pubblica *L'individualità del sangue nella biologia, nella clinica, nella medicina legale.*

1920 Edmund Locard pubblica *L'enquête criminelle et les methodes scientifiques*, ed è in questo lavoro che compare il famoso passaggio «ogni rapporto, ogni contatto lascia una traccia».

1920 Negli Stati Uniti, Luke May è il primo a studiare i segni di striatura sugli oggetti o gli attrezzi impiegati in un delitto, e a usarli comparativamente per risolvere i crimini.

1920 Negli Stati Uniti Charles E. Waite inizia a raccogliere e catalogare tutte le armi da fuoco prodotte nel mondo.

1921 John Larson costruisce la prima macchina della verità, che misura le variazioni della pressione sanguigna e della respirazione; nel 1923, durante il processo «Frye contro gli Stati Uniti», la corte riterrà il test del poligrafo inaccettabile come prova.

1923 Charles Waite e Philip Gravelle creano il Bureau of Forensic Ballistics a New York; a loro si unisce nel 1926 Calvin Goddard, che diventerà il maggior esperto americano di armi da fuoco.

1924 Negli Stati Uniti, gli assassini dello studente Bobby Franks vengono incarcerati sulla base di una prova forense; si dimostra che la macchina da scrivere posseduta da uno di loro è la stessa usata per redigere una richiesta di riscatto.

1925 Phillip Gravelle e Calvin Goddard inventano il microscopio ottico comparatore. La loro competenza sarà richiesta l'anno dopo nel processo a Nicola Sacco e Bartolomeo Vanzetti.

1927 Karl Landsteiner e Philip Levine scoprono l'esistenza nel sangue dei fattori M, N e P.

1929 Dai proiettili sparati nel massacro di San Valentino, Calvin Goddard identifica l'arma usata dagli uomini di Al Capone contribuendo alla condanna di uno di loro. Per riconoscenza, le famiglie più ricche di Chicago fondano il Goddard Scientific Crime Detection Laboratory alla Northwestern University dell'Illinois.

1930 Tomas Gonzales, capo della polizia di Mexico City, inventa il primo test per i residui di sparo, più noto come «guanto di paraffina». Sarà usato fino agli anni Sessanta.

1932 Viene creato il laboratorio criminale del Federal Bureau of Investigation (Fbi).

1936 Alexander Mearns, dell'Istituto di Igiene dell'Università di Glasgow, utilizza lo studio delle larve per stimare l'ora della morte di una vittima.

1937 Walter Specht, dell'Istituto di Medicina legale di Jena, in Germania, introduce l'uso del luminol come test di presunzione della presenza di sangue.

1938 Il fisico olandese Frits Zernike costruisce il primo microscopio a contrasto di fase che rende possibile lo studio delle cellule senza ucciderle; una scoperta che gli vale il Nobel nel 1953

Rolla N. Harger sviluppa un sistema per misurare il grado di ebbrezza alcolica dall'esame dell'alito. Dalla collaborazione con Robert Barkenstein della polizia di Stato dell'Indiana nel 1954 nasce il *breath-analyzer*, l'etilometro portatile utilizzato dalla polizia stradale.

1940 Karl Landsteiner e Alexander Wiener descrivono il fattore Rh.

Hugh C. MacDonald, capo della divisione civile del dipartimento di polizia di Los Angeles, progetta il sistema dell'identikit.

1941 Murray Hill, dei laboratori Bell, inizia la ricerca sull'identificazione della voce umana; la tecnica sarà approfondita in seguito da Lawrence Kersta.

1950 August Vollmer fonda la Scuola di criminologia all'Università della California-Berkeley, e a Chicago viene costituita la

American Academy of Forensic Science (Aafs) che inizia a pubblicare il «Journal of Forensic Science» (Jfs).

1953 In un articolo comparso sulla prestigiosa rivista «Nature», James Watson e Francis Crick descrivono la struttura a doppia elica del Dna, che farà loro vincere il premio Nobel per la medicina nel 1962.

1955 Nasce il Ccis, Centro carabinieri investigazioni scientifiche, che oggi, divenuto Racis, conta sulle sedi di Roma, Parma, Messina e, dal 1999, Cagliari.

1969 Il fotografo Jacques Perry progetta il sistema di identificazione fotoFit, capace di assemblare 15 miliardi di varianti di un volto umano.

1974 Un gruppo di ricercatori americani della Aerospace Corporation sviluppa la possibilità di riconoscere i residui di sparo con la tecnologia Semedx di microscopia elettronica analitica.

1975 L'Fbi introduce l'Afis, con la prima scansione computerizzata delle impronte.

1976 In Inghilterra, J.A. Zoro e K. Hadley utilizzano in campo forense la gas-cromatografia con spettrometria di massa.

1977 Fuseo Matsumura, un esperto nell'analisi delle tracce della polizia giapponese, nota che i vapori della «supercolla» che utilizza per fissare campioni di capelli ai vetrini del microscopio esaltano le impronte digitali. Da questa osservazione il suo collega Masato Soba sviluppa la tecnica con i fumi di cianocrilato.

1980 Kerry Mullis sviluppa la polymerase chain reaction (Pcr), le cui potenzialità vengono descritte per la prima volta in un lavoro scientifico due anni dopo. Nel 1986 Henry Erlich e il suo gruppo di ricercatori sulla genetica umana della Cetus Corporation, sviluppano la tecnica per applicazioni cliniche e forensi, rendendo disponibili sul mercato i primi kit commerciali due anni più tardi.

1984 Alec Jeffreys sviluppa il profilo del Dna, e pubblica la sua scoperta su «Nature» l'anno successivo.

1986 Per la prima volta Jeffreys utilizza il Dna profiling in un'indagine, identificando in Colin Pitchfork l'assassino di due ragazzine nelle Midlands inglesi.

1987 Il Dna profiling fa il suo ingresso in un tribunale americano con la condanna di Tommy Lee Andrews, responsabile di una serie di violenze sessuali.

1988 Lewellen, McCurd, e Horton, e ancora Asselin, Leslie e McKinley pubblicano nello stesso periodo un lavoro su una nuova tecnica di analisi per le droghe chiamata Emit, Homogeneous Enzyme Immunoassay.

1992 Thomas Caskey, professore alla Baylor University del Texas, pubblica il primo articolo sull'uso delle sequenze del Dna note come Str, Short Tandem Repeats, per scopi forensi.

1991 La Walsh Automation Inc. di Montreal sviluppa l'Integrated Ballistics Identification System, o Ibis, un sistema computerizzato per la comparazione delle caratteristiche dei proiettili esplosi. Per lo stesso scopo l'Fbi commissiona alla Mnemonic Systems lo sviluppo di un diverso database, il Drugfire.

1995 In Italia viene creata la Uacv, Unità per l'analisi del crimine violento, del Servizio di polizia scientifica, più nota come Unità serial killer.

1996 Nel processo «Tennessee contro Ware», il Dna mitocondriale viene ammesso come prova.

1998 Viene inagurato il sistema Nidis, database del Dna promosso dall'Fbi.

2000 L'Fbi e l'Atf iniziano l'unificazione dei database delle armi da fuoco per creare il National Integrated Ballistics Network (Nibin), che rimpiazzerà Drugfire e Ibis.

Bibliografia

AA.VV., *La polizia scientifica, 1903-2003*, Laurus Robuffo, Roma 2004.

Ackerman, M.J., *Essentials for Forensic Psychological Assessment*. John Wilie and Sons, London 1998.

Ainsworth, P., *Offender Profiling and Crime Analysis*, Willan Publishing, Devon, UK, 2001.

American Psychiatric Association, *DSM-IV-TR. Manuale diagnostico e statistico dei disturbi mentali*, Masson, Milano 2001.

Anger, K., *Hollywood Babilonia*, Adelphi, Milano 1979.

Baden, M., *Unnatural Death: Confessions of a Medical Examiner*, Ivy, New York 1989.

Baden, M., Roach, M., *Dead Reckoning: The New Science of Catching Serial Killers*, Simon & Schuster, New York 2001.

Bass, B., Jefferson, J., *Death's Acre: Inside the Legendary Forensic Lab, The Body Farm, Where the Dead Do Tell Tales*, G.P. Putnam's Sons, New York 2003.

Baumeister, R., *Evil: Inside Human Cruelty and Violence*, Freeman, New York 1999.

Bavidge, M., *Mad or Bad?*, St Martin's Press, New York 1989.

Benedict, Jeff, *No Bone Unturned*, HarperCollins, New York 2003.

Bennett, W., Hess, K., *Criminal Investigation*, Wadsworth, Sydney 2000.

Bowers, C.M., Johansen, R., *Forensic Dentistry: An Overview of Bite Marks*, in «Human and Animal Bitemark Management», Forensic Mailing Services 2000.

Cattaneo, C., Grandi, M.A., *Antropologia e Odontologia Forense*, Monduzzi, Bologna 2004.

Curran, J.M., Triggs, C. M., Buckleton, J.S., *Sampling in Forensic Comparison problems*, in «Sci. Justice», 38(2), 1998, pp. 101-107.

Dietz, M.P., *Sexual Sadism and Serial Crime. Conference of Sexual Sadism and Serial Murder*, New York, NY, 1990.

Dietz, P.E., Hazlewood, R.R., Warren, J., *The Sexually Sadistic Criminal and his Offenses*, in «Bulletin of the American Academy of Psychiatry and the Law», 18 (2), 1990, pp. 163-178.

DiMaio, D.J., DiMaio, V.J., *Forensic Pathology*, CRC Press, Boca Raton, Florida, 2001.

Dix, J., *Handbook for Death Scene Investigators*, CRC Press, Boca Raton, Florida, 1999.

Dix, J., Calaluce, R., *Guide to Forensic Pathology*, CRC Press, Boca Raton, Florida, 1998.

Douglas, J., Ressler., R., Burgess, A.W., Hartman, C., *Criminal Profiling from Crime Scene Analysis*, in «Behavioral Sciences and The Law», vol. 4, 1986, pp. 401-421.

Douglas, J.E., Munn, C., *Violent Crime Scene Analysis: Modus Operandi, Signature and Staging*, in «FBI Law Enforcement Bullettin», 62, 1992.

Eckman, P., *Telling Lies*, Norton, New York 1985.

Edwards, M., *Catching Killers*, John Blake Publishing, London 2003.

Evans, C., *The Casebook of Forensic Detection*, John Wiley & Sons, New York 1998.

Fenton, J.J., *Forensic Toxicology*, in Stuart H. James e Jon J. Nordby (a cura di), *Forensic Science: An Introduction to Scientific and Investigative Techniques*, CRC Press, Boca Raton, Florida, 2003.

Fisher, B., *Techniques of Crime Scene Investigation*, CRC Press, Boca Raton, Florida, 2000[6].

Fornari, U., *Trattato di Psichiatria Forense*, UTET, Torino 2004.

Fornari, U., Galliani, I., *Il caso giudiziario di Gianfranco Stevanin*, Centro Scientifico Editore, Torino 2003.

Garofano, L., *Delitti imperfetti, sei casi per il Ris di Parma*, Marco Tropea, Milano 2004.

Geberth, V.J., *Practical Homicide Investigation*, CRC Press, Boca Raton, Florida, 1996[3].

Genge, N.E., *The Forensic Casebook*, Ballantine Books, New York 2002.

Giusti, G., *Dizionario di Medicina Legale e Scienze Affini*, CEDAM, Padova 2004.

Goff, M. Lee., *A Fly for the Prosecution: How Insect Evidence Helps Solve Crimes*, Harvard University Press, Cambridge, MA, 2000.

Gross, H., *Criminal Investigation* (1891), Sweet & M., 1962.

Hare, R.,*Without Conscience: The Disturbing World of Psychopaths Amongst Us*, Guilford Press, New York 1993.

Hazelwood, R.R., Burgess, A.W., *Practical Aspects of Rape Investigation*, CRC Press LLC, Boca Raton, Florida, 1995.

Hazelwood, R.R., Dietz, P.E., Warren, D.S.W., *The Criminal Sexual Sadist*, in «FBI Law Enforcement Bulletin», 61(2), 1992, pp. 12-20.

Hess, A., *The Handbook of Forensic Psychology*, John Wilie and Sons, New York 1999.

Innes, B., *Bodies of Evidence*, Reader's Digest Press, Pleasantville, NY, 2000.

Intini, A., Casto, A.R., Scali, D.A., *Investigazione di Polizia Giudiziaria*, Laurus Robuffo, Roma 2003.

James, E., *Catching Serial Killers*, International Forensic Services, Lansing, MI, 1991.

James, S.H, Nordby, J.J., *Forensic Science. An Introduction to Scientific and Investigative Techniques*, CRC Press, Boca Raton, Florida, 2003.

Kirk, P.L., *The Ontogeny of Criminalistics*, in «J. Criminal Law, Criminol, Police Sci», 54, 1963, pp. 235-238.

–, *Crime Investigation*, Thornton, J., a cura di Krieger Publishing Co., Malabar FL, 1974[2].

Koehler, A., *Techniques used in tracing of the Lindbergh kidnapping ladder*, in «Police Science», 27(5), 1937.

Krafft Ebing, R., *Psychopathia Sexualis*, a cura di E. de Baccard e R. Jotti, Homerus, Roma 1971.

Laxenaire, M.C., Kuntz Burger, F., *Gli incendiari*, Centro Scientifico Editore, Torino 2001.

Lee, H.C., Harris, H.A., *Physical Evidence in Forensic Science*, Lawyers & Judges Publishing Company, Tucson, AZ, 2000.

Lee, H.C., Palmbach, T., Miller, M., *Henry Lee's Crime Scene Handbook*, Academic Press, San Diego, CA, 2001.

Locard, E., *L'Enquete Criminelle et les Methodes Scientifique*, Ernest Flammarion, Paris.1920.

–, *Dust and its analysis*, «Police J.» 1, 1928, p. 177.

–,*Traité de Criminalistique*, J. Desvigne, Lyon (1931-1940).

Loftus, E.F., *Eyewitness Testimony*, Harvard University Press, Cambridge, MA, 1996.

Lucarelli, C., Picozzi, M., *Serial Killer. Storie di ossessione omicida*, Mondadori, Milano 2003.

Malmquist, C.P., *Omicidio. Una prospettiva psichiatrica, dinamica e relazionale*, Centro Scientifico Editore, Torino 1999.

Mari, F., Bertol, E., *Veleni. Intrighi e delitti nei secoli*, Le Lettere, Firenze 2001.

May, L.S., *The identification of knives, tools and instruments, a Positive Science*, in «Am. Police J.», 1, 1930, 246.
Midkiff, C., *Dated Methods of Poisoning*, in «Scientific Sleuthing Review», 2002.
Miller, H., *What the Corpse Revealed*, in «Mass Market Paperback», 2000.
Miller, Hugh, *Proclaimed in Blood: True Crimes Solved by Forensic Science*, Headline, London 1995.
Newton, M., *The Encyclopedia of Serial Killers*, Checkmark Books, New York 2002.
Nickell, J., Fischer, J., *Crime Science: Methods of Forensic Detection*, The University Press of Kentucky, Lexington, KY, 1999.
–, T., *Il coroner indaga*, Rizzoli, Milano 1984.
–, *La Parola al Coroner*, Rizzoli, Milano 1986.
Nordby, Jon J., *Dead Reckoning: The Art of Forensic Detection*, CRC Press, Boca Raton, Florida, 2000.
Owen D., *Hidden Evidence, 40 True Crimes and How Forensic Helped to Solve Them*, Firefly Books Ltd, 2000.
Picozzi, M., *Piccoli omicidi*, Monti, Saronno 2002.
– (a cura di), *L'età inquieta*, Monti, Saronno 2004.
Picozzi, M., Ingrascì, G., *Giovani e crimini violenti*, McGraw-Hill, Milano 2002.
Picozzi, M., Maggi, M., *Pedofilia. Non chiamatelo Amore*, Guerini, Milano 2003.
Picozzi, M., Zappalà, A., *Criminal Profiling*, McGraw-Hill, Milano 2001.
Platt, R., *The Ultimate Guide to Forensic Science*, DK Publishing, London 2003.
Ragle, L., *Crime Scene*, Avon Books, New York 1995.
Ramsland, K., *The Forensic Science of CSI*, Berkley, New York 2001.
Randall, B., *Death Investigation: The Basics*, Galen Press, Tucson, AZ, 1997.
Ressler, R.K., Burgess, A.W., Douglas, J.E., *Sexual Homicide: Patterns & Motives*, Lexington Books, Lexington, MA, 1988.
Ressler, R.K., Douglas, J.E., Burgess, A.W., Burgess, A.G., *Crime Classification Manual*, Jossey Bass Publishers, San Francisco 1992.
Robertson, B., Vignaux, G.A., *Interpreting Evidence*, John Wiley & Sons, Chichester 1995.
Saferstein, R., *Criminalistics: An Introduction to Forensic Science*, Englewood Cliffs, Prentice Hall, NJ, 2000^7.
Samenow, S., *Inside the Criminal Mind*, Times Books, New York 1984.

Sapp, A.D., Huff, T.G., Gary, G.P., Icove, D.J., Hobert, P., *A Report of Essential Findings from a Study of Serial Arsonist*, National Center for the Analysis of Violent Crime Quantico, Virginia, 1994.

Schechter, H., *The Poisonous Life of a Female Serial Killer*, Simon & Shuster, New York 2003.

Sperber, H.D., *Chewing Gum: An Unusual Clue in a Recent Homicide Investigation*, in «Journal of Forensic Sciences», 23, 1978, p. 792.

Staggs, S., *Crime Scene and Evidence Photographer's Guide*, Staggs Publishing, Temecula, CA, 1997.

Starrs, J.E., *Modern Methods of Poisoning*, in «Scientific Sleuthing Review», 2002.

Stoney, D.A., *Criminalistics in the New Millennium*, The CAC News, gen.-mar. 2000.

Sung Tz'u, *The Washing Away of Wrongs*, trad. di B. McKnight, The University of Michigan, 1981.

Svensson, A., Wendel, O., *Crime Detection*, Elsevier, New York 1985.

Swanson, C., Chamelin, N., Territo, L., *Criminal Investigation*, McGraw-Hill, Boston 2000.

Thorwald, J.T., *Crime and Science*, Harcourt, Brace & World, Inc., New York 1966.

Trestrail, J.H., *Criminal Poisoning*, Hiumana Press, Totowa, NJ, 2000.

Wecht, C., *Mortal Evidence*, Prometheus Books, New York 2003.

Wolfgang, M.E., *Patterns of Criminal Homicide*, University of Pennsylvania Press, Philadelphia 1958.

Wolfgang, M.E., Ferracuti, F., *The Subculture of Violence*, Tavistock, London 1967.

Indice analitico

«Scena del crimine»
di Carlo Lucarelli e Massimo Picozzi
Oscar bestsellers
Arnoldo Mondadori Editore

Questo volume è stato stampato
presso Mondadori Printing S.p.A.
Stabilimento NSM - Cles (TN)
Stampato in Italia - Printed in Italy

55366
2006